그질로 가가
안 온다 아이요

한국전쟁 전후 민간인희생자
창원유족회 증언자료집

초판 1쇄 발행 2015년 7월 15일
초판 2쇄 발행 2015년 10월 10일

엮은이   한국전쟁 전후 민간인희생자 창원유족회
기록자   박영주

펴낸이   구주모
편집책임   김주완
표지·편집   서정인·이종현

펴낸곳   도서출판 해딴에
주소   (우)630-811 경상남도 창원시 마산회원구 삼호로38(양덕동)
전화   (055)250-0190
홈페이지   www.idomin.com
블로그   peoplesbooks.tistory.com
페이스북   www.facebook.com/pepobooks

ISBN   979-11-955537-1-6 (03090)

이 도서의 국립중앙도서관 출판예정도서목록(CIP)은 서지정보유통지원시스템 홈페이지(http://seoji.nl.go.kr)와
국가자료공동목록시스템(http://www.nl.go.kr/kolisnet)에서 이용하실 수 있습니다. (CIP제어번호 : CIP2015018621)

그질로 가가
안 온다 아이요

한국전쟁 전후 민간인희생자 창원유족회 증언자료집

한국전쟁 전후 민간인희생자
창원유족회 증언기록자료집

증조할머니가 삼십몇 년 동안 밥을 해놓고 기다렸어요. 맨날 하시는 말씀이 우리 똑똑한 자식이 절대 죽었을 리 없다. 살아있다. 올 때까지 살아있어야 한다. 백 살이 넘어도 우리 자식 얼굴 보고 죽는다.

유족회에서 몇 년째 활동하고 있는데 그 옛날 어머니 때부터 이야기하자면 말도 다 못하지요. 재판결과가 빨리 나와야 합니다. 좋은 방향으로 재판결과가 나와서 명예회복이 됐으면 합니다. 벌써 몇 년째입니까?

자꾸 외면하지 않습니까. 사건을 물고 늘어진다 아닙니까. 증거가 불충분하다 하면서 기각시키고요. 판결이 빨리 나야겠지요. 그리고 위령비도 세워야지요. 할 거는 다 해야 하지 않겠습니까.

많이 힘들었지요. 진짜 못 먹고 살아서 허리띠도 많이 졸라맸습니다. 허리띠만 졸라맸습니까. 온갖 장사를 다 했습니다. 위령탑이라도 세워서 한을 좀 풀었으면 싶어요. 얼마나 젊은 나이에 억울하게 갔습니까?

총알이 날아오니까 나는 아를 업고 뛰어가다가 총을 맞았어. 하나도 성한 데 없이 피투성이가 되가지고…. 총알이 박히지 않고 관통을 해서 얼추 다른 데는 다 나았는데 다리는 많이 다쳐서 안 나았어.

발간사

한국전쟁이 일어난 지도 벌써 65년이 흘렀습니다.

전쟁이 할퀴고 간 자리는 너무도 끔찍하고 그 상처는 깊었습니다. 아름다웠던 금수강산은 폐허가 되었고 한반도는 남북으로 갈라졌으며 많은 국민들은 생명을 잃었고 남은 가족들은 뿔뿔이 흩어져 이산가족이 되었습니다.

그 끔찍한 전쟁 와중에 이승만 독재정권은 전쟁과는 아무 관계가 없는 전국 방방곡곡의 많은 민간인들을 내 편이 아닐 것이라는 의심만으로 연행해 가거나 불러 모아 아무런 죄목과 재판도 없이 산이나 계곡 또는 바다에 끌고 가 그 가족은 물론 쥐도 새도 모르게 학살 희생시킨 지도 벌써 65년이 흘렀습니다.

민주국가라고 하는 대한민국에서 그런 억울한 일을 당한 우리 유족들은 수십 년 동안 아무런 내용도 모른 체 숨죽이며 말 못하는 벙어리로 통한의 세월을 살아왔습니다.

2005년 진실화해를위한과거사정리위원회가 발족되어 진실이 규명되기까지 철저하게 숨겨져 왔던 비밀이 조금이나마 밝혀지게 되었고, 2300여 명의 하늘보다 더 고귀한 생명이 학살 희생당했던 창원지역에서도 2009년 유족회가 조직된 이후 여러 가지 활동을 해오다 너무도 억울한 유족들의 사연과 피맺힌 절규들을 지역사회에 남겨두기 위해 창원유족회에서 여러 증언을 모아 책으로 발간하게 되었습니다.

이와 같은 슬프고 아픈 사연들의 증언들이 평화를 갈구하는 모든 사람들에게 평화의 메시지로 승화되길 바랍니다.

이 증언집이 나오기까지 협조해 주신 창원시뿐만 아니라, 경남대박물관 박영주 비상임연구원 님과 경남도민일보 김주완 출판미디어국장님, 그리고 적극적으로 참여해주신 유족분들께 감사드리며 특히 물심양면으로 적극 후원해 주신 이동주 회원 님께 이 지면을 통해 감사의 말씀을 드립니다.

2015년 7월
창원유족회장 노치수

할아버지의 바다

■ 증언자: 감효전 (1964년생, 희생자 감영생의 손자)
■ 증언 날짜: 2015. 4. 27.
■ 증언 장소: 경남 고성군 개천면 용안마을 구룡사
■ 희생 당시 살던 곳: 경남 밀양군 상남면 동산리 세천동

세천마을 토박이 회산감씨

- 희생된 분이 할아버지라고 들었습니다. 할아버지 존함이 어떻게 되십니까?
"감자 영자 생자입니다. 감영생."

- 그럼 그 당시에 할아버지는 어디 사셨습니까?
"밀양에 사셨는데 옛날 주소로는 밀양군 상남면 동산리 세천동 1036번지입니다. 거기서 나셨어요. 저도 거기서 났습니다."

- 그렇군요. 동네 이름은 뭐라고 불렀습니까?
"세천마을이라 그랬어요."

- 그럼 어디 감 씨입니까?
"회산. 회산이 창원이거든요. 창원의 원이름이 회산인 거죠. 저희 시조 할아버지가 고려 말에 귀화하셨는데 공민왕의 비였던 노국공주와 같이 왔다가 노국공주가 올라가지 말라고 하는 바람에 주저앉게 되었다고 합니다. 창원 39사단 군부대 안에 선대 묘가 있습니다. 그 일대의 엄청 넓은 땅이 할아버지하고 문중 이름으로 되어 있었답니다. 아버지가 살아생전에 그거를 찾으려고 했는데, 공소시효인가 뭔가가 1년, 2년 넘어서 못 찾는다고 했답니다. 왜 진즉에 안 찾았는가 하는데 아버지도 그 당시에 열두 살 정도로 어렸는데 어떻게 그런 걸 알았겠습니까?"

- 할아버지께서 희생당하실 때는 어디 사셨습니까?

"같은 곳입니다. 조상 대대로 세천에서 살았어요. 고조부 위에 그 윗대부터 계속 세천, 거기서 살았던 거죠. 그러니까 우리가 토박이인 거예요. 저도 여덟 살까지는 거기서 살았어요. 그리고 1948년도, 할아버지가 잡힐 당시에 증조할아버지가 돌아가셨다고 하거든요."

- 할아버지께서 잡히신 게 1948년이라고요?
"예. 아버지와 작은아버지가 살아계실 때 그분들이 할아버지에 대해서 많이 알아보고 규명하시려다가 돌아가셨어요. 지금은 우리 집안에서 그 내용을 아는 사람이 거의 없습니다. 그나마 제가 어릴 때 할머니와 제가 맨날 같이 잤으니까 이런저런 이야기를 저한테 하신 거예요. 할머니들이 많이 말해주셨어요. 귀에 못이 박이도록 들었어요. 아마 잊지 말라고 그런 것 같습니다. 제가 쓸데없이 기억이 좋아가지고 어릴 때 기억을 다 해요."

- 기억력이 아주 좋으신 모양입니다.
"어릴 때부터 주변에서 다 놀라고 그럴 정도였어요. 그래서 제가 하는 얘기는 어릴 때부터 집안 어른들한테 들었던 이야기, 그리고 몇 년 전부터 자료 찾아보고 책을 읽고 해서 아는 것들, 그런 이야기입니다. 또 제가 수필작가이거든요. 제가 낸 책에도 할아버지 이야기와 어릴 때 제 이야기가 담겨 있어요."

할아버지 감영생, 비밀 의열단

- 할아버지는 어떤 분이셨습니까? 어린 시절 들었던 집안 이야기도

감효전 본인.

부탁합니다.

"저희 할아버지가 어릴 때 신동이었다고 해요. 밀양 교동에 향교가 있어요. 거기서 열린 백일장에서 할아버지가 일곱 살 때인가에 장원을 했다고 합니다. 그러니까 신동으로 불린 것 같아요. 할아버지가 일제 때 와세다 대학 정치학부를 수석으로 졸업했는데 일어 영어 불어 독일어 중국어 등 5개 국어에 능통했다고 그럽니다. 지식인이었던 거죠. 하나를 가르치면 열을 안다면서, 날 때부터 아는 사람 있잖아요? 그 머리가 저희 증조할머니를 외탁했다고 생각하는 게, 저희 증조할머니도 머리가 비상했거든요. 무학이었지만 영어 하고 일어를 했어요. 우리는 천자문을 몇 줄 못 외우는데 천자문을 좔좔좔… 그걸 매일 외웠어요. 버릇처럼. 그런데 그걸 자식들한테도 계속하라고 했어요. 천자문을 따라 하라고, 그리 안 하면 잊어버린다고…. 그러고 보면 증조할머니는 도인 같은 분이셨어요. 어른들이 어디 가서 이 얘기 하지 말라고 하시면서, 약산 김원봉 장군, 몽양 여운형 선생 이야기, 김구 선생이 조만식 선생을 만난 이야기 같은 걸 해주셨어요. 그러면 어린 저는 약산이 누구냐며 자꾸 물어보고 그랬어요. 그때 사실 할아버지는 일제 때 유명한 독립투사 김원봉 장군에게 독립자금을 대어 주셨다는 이야기를 해주시곤 했습니다. 비밀 의열단 단원이었다고 합니다. 그래서 전설 같은 이야기가 많이 전해져 옵니다. 수염을 달고 책 장사 같은 사람으로 변장해서 다니고…. 워낙 알려진 인물이니까 잘못하면 큰일 나잖아요? 그러니까 가명도 여러 개 쓰고 그렇게 비밀활동을 했다고 해요. 또 저희 할아버지가 주역을 통달하셨다 그래요. 그래서 축지법이 가능해서 산등성이를 금세 뛰어넘고…. 어린 내게는 신화 속의 인물이었어요. 그당시 어른들이, 애국자들이 세상을 잘못 만나 거꾸로 역적이 되고, 아까운 큰 인물들이 참변을 당하고 집안이 망가(亡家)가 되고 재산은 흩어지게 되니, 만고의 큰 슬픔이라고 장탄식을 하시는 것도 들었어요. 몽양 여운형 선생과 조만식 선생, 김구 주석과도 교류가 있었는데 그분들은 연하의 할아버지에게 감 선생이라고 하셨다고 합니다. 해방이 되고 당시 독립투사들이 월북하고 사회주의 쪽으로 눈을 돌린 것은, 이념보다는 친일파 때문이기도 했다고 합니다. 김원봉 장군이 해방 후 경찰에 끌려가 친일 악질경찰 노덕술에게 따귀를 여러 차례 맞는 등 심한 모욕을 당하고 가족마저 몰살당하자 월북을 한 거죠 그 때문에 형제들이 도륙당했다며 안타까워하시던 것도 기억납니다. 어릴 때 어른들 말씀으로 약산 김원봉 장군 집이나 우리 집이나 모두 똑같이 난가(難家)가 되었다고 들었습니다. 제가 블로그에 글을 많이 올렸어요. 그러다 보니까 밀양에 계신 향토사학자 한 분을 알게 되었는데 그분이 할아버지와 비밀 의열단에 대해 관심이 많으시더라고요. 그분이 밀양광장이라는 카페에 할아버지 방을 하나 만들어서 자료를 올리고 있어요."

밀양 2.7항쟁에 참가하다

- 그랬던 분인데…. 좀 전에 1948년에 체포되셨다고 하셨는데 그 사건 이야기를 해주시기 바랍니다.

"예. 그해 2월 달에 일어난 사건인데, 2.7항쟁이라는 게, 저도 몰랐는데, 2.7항쟁이 우리나라 민주항쟁에서는 최초의 항쟁이었다고 합니다. 엄청난 대규모의 항쟁이었다고 합니다. 요즘 와서 집회하는 그 이상이더라고요. 당시에 이백만 명 정도가 동참하였고 일만 명 이상이 해고되고 실형을 산 사람들이 이천 명이 넘었는데 거기에 할아버지가 들어갔어요. 그때 같이 죽임을 당한 사람들이 와세다대, 동경대, 이런 유학생이 주축이었다고 해요. 할아버지가 2.7항쟁에 참가했을 당시에 서중석 교수가 쓴 〈조봉암과 1950년대〉란 책을 봤더니 할아버지 이야기가 나오더라고요. 그래서 제 블로그에도 실어놨습니다. 그 책에는, '천석꾼 집안으로 해방 당시 일본에 유학갔던 감영생은 밀양경찰서로 끌려갔을 때 2.7투쟁의 주동자와 참가자를 고발하면 석방해준다는 회유를 거절하였다가 그해 8월 22일 5년형을 선고받고 마산형무소에 수감되었다' 이렇게 나옵니다. 당시에 할아버지는 한학을 가르치고 있는 중에 밀양경찰서로 체포되어 갔습니다. 경찰서에 잡혀가서는 거꾸로 매달리는 등 고문을 엄청 당했다고 합니다. 그때 경찰에서 뭐라고 했느냐 하면, 당신이 하고 싶은 대로 다 해 줄 테니까, 불어라, 거기 핵심멤버를 다 불어라…. 그래 면회를 가니까 할아버지는 온 데 맞아서 다치고 다리를 질질 끌더랍니다. 그랬는데 끝까지 말을 안 했다고 합니다. 고문하고 협박하고 회유를 했는데도 할아버지가 끝까지 말을 안 하고 결국 구속이 되었다고 합니다. 최근에서야 할아버지의 죄명을 알게 됐는데 미 군정 포고령 위반죄가 할아버지 죄명이에요. 구형을 오 년 받

와세다대학 정치학부 동문들과
할아버지 감영생(오른쪽).

앉는데, 어릴 때 증조할머니와 아버지한테 들은 바로는 조금 감형을 받았다고 해요. 감형받고 마산형무소에서 2년여 수감생활을 하고 계셨답니다. 6.25 전후에는 할아버지가 곧 나올 예정이었다고 합니다. 최근에 자료를 통해 확인하니까, 할아버지가 구형 5년을 받은 날이 1948년 8월 22일이었습니다. 약산 김원봉 장군의 형제들 네 명이 서북청년단, 대한청년단 이런 자들한테 총살을 당했는데 그날도 하필이면 8월 22일이더군요. 제가 공부를 하다가 어떤 책에서 봤습니다. 김원봉 장군은 월북했다가 그 뒤에 숙청당해 돌아가셨지 않았습니까? 이 이야기를 어릴 때 내도록 그 얘기를 들었어요. 그 당시는 독립군들을 전부 다 빨갱이로 몰아 죽이는 세상이기 때문에, 만약에 할아버지가 김원봉 장군처럼 북한으로 몸을 피해 갔다 하더라도 김원봉 장군처럼 됐을 거라고요. 그런데 2.7항쟁을 당시에 폭동이라 했단 말이에요. 왜냐하면 미 군정 하고 이승만에 반대해가지고 일어난 거니까요. 총파업을 했다고 합니다. 그때 당시에 좀 생각이 있던 분들은 전부 다 거기에 동참한 거죠. 그런데 이승만이가 전부 빨갱이로 몰아간 거예요. 저희 할아버지는 민족주의자였다고, 저희들은 그렇게 들었는데 말입니다."

돈 가마니로도 구명 못 하고

- 마산형무소에서 수감생활을 2년 하셨다면 당시 면회를 하셨겠네요?

"당시에 몇 차례 면회를 했다고 합니다. 마산형무소 쪽에서 할머니한테 구명할 방법은 딱 한 가지뿐이라고, 돈을 가져오라고 했었답니다. 어쨌든 간에 구명을 해야 되는 거잖습니까? 돈을 급하게, 보름 만에 마련해야 했답니다. 논밭을 빨리 처분해야 되니까 헐값에 팔아서 돈을 마련했는데, 가마니 하나에 다 못 담을 만큼 많았다고 합니다. 얼마인지 셀 수 있는 상황이 아니었다는 겁니다. 구루마에 돈 가마니와 음식을 준비해서 싣고 머슴이 끌고 거기까지 갔다고 합니다."

- 밀양에서 마산까지 그 먼 길을 걸어가셨다는 말입니까?

"예. 마산형무소까지 걸어갔답니다. 할머니가 그 당시 나이가 서른 후반이니까요. 할머니가 네 살 연상이었거든요. 하루 종일 걸어 발이 부르트고 그랬다는 거예요. 그래 마산형무소까지 갔는데 할머니 말씀으로 바로 입구까지는 구루마를 못 끌고 가니까…. 할머니가 그거를 이고 가야 하는데, 돈가마니가 무거우니까 머리가 아파서 바로 못이니까 따박이(똬리)를 이고 들어갔다고 하네요. 그래 형무소 안으로 고모를 대동해 가서 거길 갖다 줬다는 거예요. 할머니한테 하도 얘기를 많이 들어가지고요. 생각하면 눈에 선해요."

- 누구한테 갖다 줬다는 겁니까?

"마산형무소 직원들한테 줬겠죠. 거기서 그리해라 했기 때문에…. 가마니를 이니까 너무 아파서 따박이를 했다고 합니다. 그게 얼마나 많은 돈입니까? 그래도 사람은 살려야 하니까, 억 금을 주더라도 사람은 살려야 하니까 돈을 줬어요. 하지만 결국 사람은 살리지도 못했고요. 그리고 또 한 가지 할아버지 죄명에 절도죄인가가 추가되어 있어요. 그 죄명란에 절도죄 써놨더라는 거는 제가 어릴 때 들었거든요. 그 당시에 할아버지 면회했던 고모가 말씀하시기를 할아버지도 너무나 기가 막혀 허허 웃었다고 해요. 아니, 만석꾼 천석꾼 한 사람이 뭔 절도죄냐고, 말이 되느냐고 도대체 이해가 안 된다고 고모가 늘 얘기하셨거든요. 그런데 제가 근현대사 공부를 하면서 그 당시 마산형무소 간수의 증언을 보게 됐습니다. 거기 보니까 당시에 전국의 형무소 재소자들 명단을 5일 안에 무조건 만들라는 특명이 내려왔답니다. 그래서 밤낮으로 잠을 안 자고 죄목 적는 난에 임의로 사기, 절도, 강도 등등 무조건 썼다는 겁니다. 실제와 무관하게 죄목이 막 붙어 있었던 거예요. 할아버지에게 절도죄라는 게 하나 추가된 정황도 이해가 가더군요. 또 당시에 형무소 내의 환경이 아주 열악했다고 합니다. 삼십 명이 잘 방에 이백 명을 집어넣어서 완전히 짐승 우리인 데다가 밥 덩이도 딱 애주먹만 한 크기에다가 소금 하고 짠지가 다였다고 합니다. 그러니 얼마나 배가 고팠겠습니까?"

마지막 당부

- 그러면 형무소에서 몇 번 면회하고 난 뒤의 상황은 어떻게 됐습니

까?

"그래 몇 번 면회를 했는데 한 번은 특별면회를 해줬다는 겁니다. 아까 돈 얘기했잖아요? 돈을 줘서 그런지 모르지만 할아버지만 특별면회를 해줬습니다. 형무소 뒤뜰에 나가 밥을 먹게 했다는 겁니다. 그래 갔더니 할아버지가 하이칼라 머리였다고 해요. 다른 사람들은 빡빡 깎았는데…. 또 죄수복이 아니고 그냥 옷을 입었더랍니다. 그래 그때 할아버지가 그랬다고 합니다. 내가 독립운동하고 정치를 한 것은, 좋은 세상을 만들려는 것인데 거기 대해서 후회는 하지 않으나, 너무나 힘들다, 너는 정치는 하지 말고, 교육자의 길을 가라고 하셨대요. 만일에 그런 말이 없었다면 아마 고모도 그런 쪽으로 갔을 겁니다. 또 할머니한테는 지금 혼란기니까 애들 교육을 잘 시켜라, 진주나 서울 쪽에 보내서 애들 교육을 잘 시키라고 하셨대요. 그게 마지막이었대요."

- 그래 그 이야기를 하시고는?

"그 얘기를 하는 중에 웅 하고 사이렌이 울리면서 갑자기, 할아버지한테는 들어오라고 하고 고모 보고는 나가라고 했다는 겁니다. 갑자기 뭐 급박한…. 사이렌이 울리면서 바리케이드를 치고 꼼짝 못 하게 했대요. 그러고 나서 얼마 안 있다가 6.25가 터지고 동네가 다 피난 갔다고 합니다. 낙동강까지 내려왔다 하니까 두 달인가를 피난하면서 고생을 많이 한 모양이더라고요. 할머니가 자식들 죽일까봐 다 데리고 가고 증조할머니는 연세가 있으니까 고향집을 지키고…. 할머니가 그 먼 길을 가셨어요. 건강도 안 좋은데다가 애들은 칭얼대고, 돈은 줬는데 할아버지는 형무소에 있고, 난리는 나고 정신이 없었던 거죠. 그래 피난 갔다가 생식겁을 했다고 합디다. 그런 와중에 친척들이 재산을 많이 가져갔답니다. 할머니, 증조할머니는 무학이라 문서 이런 거는 모르잖아요. 자기들 땅으로 만들어버리고…. 그래도 아무것도 모른 척했다 더라고요."

삼십 년 넘게 밥 떠놓고 기다려

- 그 당시에 할아버지 슬하에는 몇남 몇녀가 있었습니까?
"할아버지 밑에는 사남 사녀를 둬서 팔 남매죠. 그런데 애 낳자마자 죽고…. 그러니까 세 살 미만으로 죽은 자식이 네 명이고 호적에 오른 자식이 네 명인 거예요. 그래서 우리 아버지가 세 번째 아들인데 장남이 된 거예요. 할아버지가 1914년생인데 외동이라 자손을 빨리 낳으려고 조혼을 했답니다. 또 당시에는 여자들도 정신대 안 보내려고 빨리 보내고 했잖습니까? 그래 할아버지가 열네 살 때 네 살 위 할머니와 결혼해서 열다섯 살 때 애를 낳았다고 합니다."

- 그럼 할아버지가 희생당하실 때 아버님은 몇 살이었습니까?
"아버지가 열다섯이고 고모가 열여덟 살, 작은아버지가 열두 살, 막내고모가 아홉 살인가 일곱 살인가 그랬습니다. 그러니까 막내 고모는 아버지 얼굴도 잘 기억 못했어요."

- 그래가지고 피난 갔다가 고향에 되돌아 왔을 때 할아버지께서 변을 당했다는 소식을 어떻게 들었습니까?
"실제 제삿날도 모르잖아요? 우리 족보에는 1948년 집에서 나간 날로 되어 있고 제사도 그냥 구월 구일에 지내왔는데, 사실 엉터리잖습니까? 최근에야 할아버지 돌아가신 날을 알게 됐는데 1950년 7월 24일이더라고요. 그날 마산형무소에서 재소자 250여 명과 동시에 육군헌병대로 실려 나갔어요. 최근 자료를 보니까 7월달부터 9월까지 네 번에 걸쳐 학살이 자행되었더라고요. 그러니까 6.25 나고 나서 한 달 만인 7월 24일날 처음 학살이 일어났습니다. 저희 할아버지도 그때 희생됐고 그날이 음력으로 6월 10일이란 걸 알게 됐습니다. 이 사실을 건강이 안 좋으시던 고모한테 알려줬어요. 그러니까 고모가 막 통곡을 하시더라고요. 우리나라가 민주국가인데 적법절차도 없이…. 사형죄도 아니고 다른 사람을 죽인 것도 아닌데…. 전부 다 죽여버린 거잖아요. 당시 문서가 있겠지만 내놓지 않는 것 같아요. 지금까지도 가족들한테 죽었는지 살았는지 가르쳐주지 않았잖아요. 유족들이 항의했을 거잖아요? 1960년도에 마산에서 유족회를 만드니까 그 사람들을 또 빨갱이로 몰아가지고 구속시켜 버렸어요. 그 뒤로는 말도 못한 거예요. 그래놓고 지금에 와서는 그 당시에 안 하고 뭐했느냐, 공소시효 어쩌고 하면 말이 안 맞잖아요? 다 죽여 버려 놓고는…."

- 그렇죠.

"사형을 했다든지 하면 죽은 시체라도 내놓아야 하는데…. 사망신고도 할 수 없었잖아요. 저희 집에서는 학살됐을 거라고 추정은 했지만 확실하게 모르니까…. 살아났다는 사람도 있고 하니까, 혹시나 할아버지가 월북을 했거나 제삼국으로 피해서 영국에 가지 않았을까 일본에 가지 않았을까…. 그래가지고 이산가족 찾기 방송했을 때 혹시나 나올까 싶어 얼마나 보고 그랬는지 압니까? 증조할머니가 삼십몇 년 동안 밥을 해놓고 기다렸잖아요. 증조할머니가 구십 다섯에 돌아가셨는데 돌아가실 때까지 정신이 좋으셨어요. 맨날 하시는 말이, 우리 똑똑한 자식이 절대 죽었을 리 없다, 살아있다, 올 때까지 살아있어야 된다, 노망

들어 못 알아보면 안 된다, 맨정신으로 자식 알아보고 죽어야 된다, 백 살이 넘어도 우리 자식 얼굴 보고 죽는다, 그런 말씀이었어요. 또 저희 집에서는 대문을 안 걸었습니다. 어른들이 경상도 말로 대문을 꼭 비 시나라 했어요. 대문을 닫아 놓으면 못 온다고…. 기가 막힌 일 아닌가 요? 포탄에 맞아 사람 죽는 것 보고 놀래 가지고 평생 고생하시던 할 머니도 그렇고 증조할머니도 그렇고, 눈도 못 감으시고 돌아가셨습니 다."

목격자들

- 그럼 그 뒤로는 소식을 전혀 모르는 거네요? 할아버지를 목격한 사 람도 없었습니까?

"제가 예전에 밀양 종남산에 이 년간 산 적이 있는데 그때 나이가 스물 아홉에서 서른한 살이었어요. 거기서 지내던 어느 날 할아버지 한 분 을 우연히 만났는데, 스님 성이 어떻게 돼요? 해서 감이라고 했더니…. 제 성이 좀 특이하잖아요. 그래 어디 동네인데? 해서 상남면이라고 했 더니…. 우리 할아버지를 알던 분이었습니다. 할아버지가 잡혀가는 거 를 보셨던 거예요. 할아버지가 묶여서 잡혀가고 경찰이 다른 사람들을 개머리판으로 뚜들겨 패고 하는 거를 보신 겁니다. 그러면서 저보고 할아버지와 많이 닮았다며, 너무나 기막힌 세월을 만나 너무나 아까운 사람을 잃게 해버렸다고, 훌륭한 어른이었다며 안타까워하시더라고요. 그리고 할아버지에 대해서 기사가 난 게 있습니다. 지금은 그 신문 이 름을 기억 못 하겠는데 읽은 적이 있어서 내용은 기억이 나요. 이십몇 년 전에 신문에 났던 건데 현대사 재조명 민족주의자 감영생을 조명한다, 라는 제목이었어요. 거기에 작은 아버지 얼굴도 조그맣게 실려 있더라고요. 그 당시에 한 사람이 살아났는데 마산에 살고 있었답니다. 할머니하고 아버지가 그 사람을 수소문해서 찾아가셨다고 하더라고요. 그분 얘기로는 당시에 사람이 열일곱인가 열아홉인가 그랬는데 잡혀갔다고 해요. 이 사람이 잡혀있었는데 묶인 손이 조금 느슨해졌었답니다. 그런데 옆에 지키고 있던 군인인가 특무대인가 하는 사람이 그 사람에게 귀엣말로 '아무 소리도 내지말고 콩밭으로 뛰어'라고 했답니다. 자기 동생 같아서인지는 몰라도 백 명, 이백 명 모여서 총을 들고 감시하는 무시무시한 상황인데요. 덕분에 이 사람이 기다시피 해서 어렵사리 살아 나왔다고 합니다. 유월달 치월달이 되면 온 데가 푸르잖아요? 숨어있으면 찾기가 힘들잖아요. 어떻게든 숨어서 지낸 거겠죠. 그 사람이 유일하게 살아남은 사람인데 우리 할아버지를 봤다고 하더라고요."

- 살아났다는 지역이 어디였습니까?

"밀양. 할아버지가 밀양경찰서로 압송되어 갔다가 거기서 마산이나 어디 다른 데로 차로 옮겨졌을 거 아닙니까. 그때 할아버지를 본 사람이 있는 겁니다. 수백 명이 있는 와중에 그 사람이 우리 할아버지를 똑똑하게 봤다고 합니다. 그게 그 사람이 본 할아버지의 마지막 모습이었다고 하네요."

- 할아버지 말고 집안에서 또 그런 식으로 희생된 분이 있습니까?

"저희 집안에는 못 들어 봤습니다."

- 그럼 그 세천마을 동네 사람들은요?

"제가 워낙 어렸기 때문에 저희 할아버지 것만 들은 거라서 잘 모르겠어요. 밀양의 한 향토사학자 글을 보니 세천 사람들도 피해를 많이 봤다고 되어 있더라고요."

진영단감

- 할아버지께서 돌아가시고 난 뒤에는 어떻게 됐나요? 집안이 굉장히 어려웠을 거 같은데요.

"저희 집이 재산이 많았기 때문에 경제적으로는 남들만큼 힘들지는 않았던 거 같아요. 나중에 아버지가 재산을 거의 다 잃어버리긴 했지만요. 저희 집에 진영단감 과수원이 큰 게 있었어요. 단감 개량종이라 하나요? 우리나라 토종 단감은 쪼그만 한데…. 그 단감을 한국에 처음 가져온 분이 저희 할아버지입니다. 일본에서 유학을 끝내고 들어오면서, 거기 감이 좋으니까 그걸 우리 산밭에 심으려고 묘목 이백 주를 구했답니다. 그런데 종자 같은 거는 함부로 밖에 못 나가게 하잖아요. 일본에서 그걸 갖고 한국에 배를 타고 왔다고 합니다. 일본에서는 막 실랑이 하면서 빼 왔는데 우리나라에서 허가가 안 떨어지고 묶여있어서 애를 먹었다고 해요. 결국 보름간 실랑이를 하다가 어렵게 찾아와서 우리 산밭에 심었다고 합니다. 그래서 저희 집이 단감 과수원을 크게 하게 된 겁니다. 아버지가 진영단감 과수원을 제가 여덟 살 때까지 했어요. 세천단감이라고 안 하고 진영단감이라 했어요. 그거는 저희 집에서 진영장이 가까웠던 데다가 진영이란 데가 더 인지도가 있기 때문이라고 합니다. 그 감이 무척 인기가 많아서, 없어서 못 파는 정도까지 됐다고 하더라고요. 그게 지금 진영단감의 효시가 된 거죠. 접을 붙이고 해서 진영단감 단지가 된 거라고 합니다. 저희 집이 할아버지 때는 밀양에서 제일 부자였다고 합니다. 할아버지가 그리되고 난 뒤에 집안이 절단이 났긴 했지만 그래도 재산이 많았다고 해요. 아버지가 잘하고 또 자식들 건사를 잘했으면 아주 번창했을 텐데…. 집안에서 자손을 빨리 봐야 되겠다고 아버지를 열아홉에 일찍 조혼을 시킨 겁니다. 그런데 우리 엄마가 애를 낳고 빨리 돌아가셨거든요. 아버지가 그때부터 노름을 했다고 그럽니다. 아버지가 사람은 좋았는데 노름을 막 한 거예요. 저는 아버지를 많이 미워했거든요. 아버지가 그 많은 재산을 평생 노름으로 다 잃었어요. 저희 아버지가 노름을 안 했으면 저희 집은 지금도 잘 살겠죠. 아버지가 경찰대학 꿈이 있었는데 그것도 접고 못했다고 합니다."

- 연좌제 때문에 어려웠던 적은 없었습니까?
"있었죠. 아버지가 많이 어려웠어요. 그리고 저도 있잖아요. 스님이 되려고 해도 신원조회에서 문제 있으면 못되거든요."

- 아 그래요?
"조계종에 그런 거 있습니다. 우리가 스님될 때 신원조회를 해요. 제가 학교 다닐 때 대표로 자유의 다리, 판문점, 이런 일반인 못 들어가는 데에 다섯 명 뽑아서 가는데 신원조회를 하더라고요. 그때 제가 통과해서 갔다 온 걸로 봤을 때는 연좌제가 아버지 때까지 적용되는가 보다 그리 생각했어요. 그리고 그 뒤에 고종사촌이 남동생인데, 육사에 좋은 성적으로 들어갔는데 면접에서 떨어졌거든요. 그러니까 걔가 원망을 많이 했어요. 우리 할아버지, 외할아버지 때문에 자기가 떨어졌다고 생각하는 겁니다. 왜냐하면 자기는 신체조건 좋고 성적도 좋았는데 마지막 면접에서 떨어질 이유가 없었다는 겁니다. 그래 실망해서 울고불고하기에 제가 그랬습니다. 할아버지 때문에 그런 게 아니다, 너는 외할아버지고 친손자인 나도 괜찮은데, 원망을 그리하면 안 된다고 내가 나무란 적도 있어요."

오밤중에 위패를 쓰다

- 한참 뒤에 진실화해위원회가 만들어져서 신청을 받고 조사를 했지 않습니까? 그것은 언제 아셨습니까?
"어릴 때 할아버지 얘기를 많이 듣긴 했지만 절에 온 뒤로는 잘 모르고 지냈습니다. 할아버지 좋은 데 가시라고 빌고 그런 정도 외에는. 그런데 아버지와 작은아버지께서 할아버지의 흔적을 찾기 위해 애를 많이 써셨어요. 어느 신문인지는 모르지만 그 인터뷰 기사가 실린 적이 있어요. 거기에, 내가 살아있는 동안 끝까지 찾겠다는 아버지 얘기도 나오고 또 감씨 형제라고 되어 있더라고요. 인터넷도 없는 시절에 백방으로 알아봤지만 어디로 이감됐다는 사실 정도만 알아낸 겁니다. 아버지는 2000년에 돌아가시고 작은아버지는 진실화해위원회에 신청을 하시고는 결과가 나오기 전에 돌아가셨어요. 그런데 제가 그걸 알게 된 거는 2011년이에요."

- 어떻게 알게 된 겁니까?
"당시에 제가 건강이 많이 안 좋았거든요. 오랫동안 투병을 하니까 빨리 죽을 수도 있다 싶어 글을 남기고 싶었죠. 머릿속 기억이 혹시나 없어질까 싶어서 마음대로 글을 쓰게 된 거예요. 그걸 모아서 수필집 하

나를 먼저 냈어요. 할아
버지에 대한 자료를 모으
고 제가 들은 이야기를
합해서 어떤 식으로든 책
을 만들겠다고 생각했어
요. 그러면서 인터넷을 뒤
지기 시작했어요. 블로그
를 하면서 자료를 모으고
하다가 기막힌 사실을 알
게 된 겁니다. 검색을 해
보는데 괭이바다에서 위령
제한 게 나온 거예요. 보
니까 명단이 나오는데 육
백몇 명 중에 신문에 첨부
되어 올라온 걸 보니까….

'한국전쟁 마산지역 구산면 괭이바다 수장피해자
각각등 영가' 위패.

저희 성이 감이다 보니까, 기역니은…. 항상 제일 먼저 나오잖아요? 거
기에 감영생, 딱 보니까 할아버지 이름인 겁니다. 졸도할 뻔했어요. 세
상에 그렇게 찾으려고 해도 못 찾았는데…. 그걸 보고 그 밤중에 혼자
졸도할 정도로 울었어요. 오밤중에 위패를 썼어요. 한국전쟁 괭이바다
수장피해자 영가라고 그것을 울면서 썼어요. 초를 켜고 절을 하면서,
할아버지를 찾았다고 부처님하고 조상들한테 처음으로 고하게 된 거예
요. 기가 막힌 일 아닌가요? 한 가지 이야기가 더 생각이 납니다. 김영
삼 김대중, 그분들이 대통령 아니고 총재였을 때, 아버지가 각 당 총재
에다가 할아버지 건에 대해서 편지를 써 보냈다고 합니다 그런데 김영
삼하고 몇 군데는 답변이 안 오는데, 김대중 대통령한테서만 답변을 받

은 거예요. 김대중 대통령이 현해탄에서 암살당하기 직전에 헬리콥터가 떠서 살아났지 않습니까? 김대중 대통령이 친서로, 그런 일을 당해본 내가 안다고, 반드시 진상을 밝혀주겠다는 그런 답변서가 왔답니다. 아버지가 참 고맙게 생각한다는 말씀을 하셨거든요. 저도 그래서 김대중 대통령에 대해 관심을 가지게 된 거예요. 그분을 한번 만나 뵙고 싶었지만 뵙지는 못했어요."

바다 속에서 내미는 손들

- 그렇게 아시고 난 뒤에 위령제에도 가셨겠네요?

"위령제를 한다는 소식을 접하고 수소문해서 연락을 했는데 연락이 잘 안 돼 그해는 참석을 못 했어요. 위령제를 7월 4일날 하지 않습니까? 그다음 해부터 참석했는데, 다른 분들은 이미 몇 번 한 분들이라 우시는 정도지만, 저는 졸도할 뻔 했어요. 제가 꿈을 꿨는데, 큰 운동장 흙바닥에 머리 깎은 젊은 남자들 수백 명이 운동회처럼 뛰어다니는 겁니다. 그래 위령제 하는 바다에 가니까 귀신들이 꽉 차 있는 겁니다. 바다에서 손을 내밀고 막 부르는 거예요. 바다 속에서 젊은 사람들 손이 막 나오면서 구해달라고 하는데…. 그런 느낌이 들었어요. 그래 또 그 형무소 자리에 가서는 막 자지러지고…. 솔직히 위령제 하는데 제가 이성을 잃어버렸다니까요. 거기에 막 동화되니까 사람 많은 데서…. 머리 깎은 체면이고 뭐 없이…. 아버지 돌아가시고 집은 망했고…. 아버지가 미워서 보지도 않았고 초상나도 가지도 않았어요. 그런데 내가 병이 나서 보니까 우리 아버지가 그리 불쌍한 겁니다. 이런 비극이 없어요. 안 그렇습니까?"

억울한 죽음을 널리 알리기 위해

- 할아버지에 대해 각별히 생각하시는 것 같습니다.

"남달리 생각하는 게 있습니다. 그래서 글을 쓰게 된 거예요. 제가 블로그를 하게 된 것도 할아버지 때문에 하게 된 겁니다. 제가 책을 내고 나서도 이것저것 일이 많았습니다. 미 군정이라든지 이승만, 2.7항쟁 이런 거에 대해서 트위터에 올리는 사람 저밖에 없을 겁니다. 그 바람에 트위터에서 제 이름이 좀 알려진 건 사실이에요. 이 마산형무소 건에 대해서는 제가 많이 알렸거든요. 여기저기. 그러다 보니 저보고 빨갱이라 하면서 괴롭히고 한 사람들도 있었어요. 그 사람들하고 실랑이 붙어가지고 작년에 법적으로 소송으로 일 년 내내 보냈어요. 그 바람에 병이 악화된 것도 있어요. 인터넷에 제 이름인 효전스님이 화제가 되기도 했습니다. 제 이름이 일주일간 검색어 순위 1위였던 적도 있고 쓴 글이 만 건이 넘게 리트윗되는 일도 있었다니까요. 저는 억울한 이 죽음에 대해서 널리 알리기 위해서 인터넷에서 활동하고 있는 거예요."

참혹한 이야기

- 그럼 가족 중에 당시 상황을 아는 분은 다 돌아가셨네요?

"거의 다 돌아가셨고 고모님이 밀양에 계십니다. 올해 팔십네 살이신데 건강이 안 좋으십니다. 고모님이 제게 하신 얘기가 있습니다. 사람을 수장시킬 때 돌을 매달아 죽였다고 하잖아요? 돌덩어리를 매달려고 하면…. 그 많은 사람들을…. 돌을 무슨 망사에 넣어서 달았는지 알 수 없잖습니까? 그런데 우리 고모가 이상길 교수를 만나서 들었다는 겁니다."

- 경남대학에 계시던….
"예. 그 교수님이 고모한테 얘길 했다고 합니다. 그 교수님이 고모님 자택으로 찾아오셨다고 해요. 그래서 유해발굴 현장에도 같이 가시고 그랬답니다. 그런데…. 바지 끝단을 노끈으로 묶어가지고 자루처럼 만든 다음에 돌을 거기다가 집어넣었다고 합니다. 죽을 사람들한테 돌을 각자 넣으라고 한 거 아닙니까? 자기 바지에다가…. 걷지도 못할 정도로 바지 양쪽에다가 돌을…. 그리고는 배에 실어다 죽였답니다. 그 사실을 고모가 듣고는 얼마나 울었는지 모른다고…. 그 이야기를 저한테 수백 번 했었어요. 정말 참혹한 이야기 아닙니까?"

골과 바다에 꽉 찬 원혼들

- 지금도 법당에 위패를 모셔놓고 계신데 앞으로 이 문제가 어떻게 정리가 됐으면 좋겠습니까?
"어쨌든 이건 역사의 비극입니다. 다른 집도 그렇겠지만 저희 집은 우리나라 현대사하고 똑같았어요. 출판사에서 저보고 소설을 한번 쓰라고 하더라고요. 집안 이야기를 한번 쓰고 싶기도 합니다. 지금 도로 사람을 살릴 수는 없지만 이런 일이 다시는 없게끔 해야 합니다. 과거사의 잘못된 것, 잘한 것도 잘못한 것도 부끄러운 것도, 역사는 똑같이 써야 되는 겁니다. 왜곡하거나 엉터리로 해서는 안 됩니다. 우리가 일본한테 짓밟히면서 삼십육 년간 수많은 사람이 학살을 당했어요. 우리가 일본한테, 과거사를 인정해라, 사죄를 해라, 왜 은폐하고 왜곡하

냐고 따져도 아베는 안 하지 않습니까? 일본이 사죄를 안 하고 반성을
안 하는 것은 또 그럴 수 있다는 뜻 아니겠습니까? 그런데 우리도 일본
한테 뭐라고 할 것도 없어요. 우리도 똑같이 하잖아요? 일본은 자국민
한테는 그 짓을 안 했어요. 히틀러도 마찬가지고요. 우리는 자국민한
테, 일본이 우리나라 사람을 학살하듯이 똑같이 하지 않았습니까? 이
승만이 친일경찰이나 그런 세력들을 이용해서 역사를 왜곡하고 은
폐하고 학살을 했어요. 우리나라가 국민대화합을 진짜 원한다면…. 옛
날 지나간 거는 지나간 거다, 지금 그 얘기 왜 자꾸 하느냐고, 그래서
는 안 됩니다. 일단 사람이 죽어 나갔잖아요? 그러면 잘못됐다고 사죄
를 대한민국에 무릎 꿇고 해야 되는 거예요. 그리해야 우리나라 역사
가 새롭게 된다고 생각해요. 그렇게 하지 않고, 옛날 지나간 거는 지나
간 거고…. 이런 식으로 하면 화합이 안 돼요. 대한민국이 남북한이 이
리 찢어져 있잖아요? 화합이 안 되고 있지 않습니까? 남북으로 안 되
고 동서로도 안 되고 서로 찢어져 있지 않습니까? 남북한에 억울하게
죽은 수많은 사람이 있지 않습니까? 그 백삼십만 명, 그 원혼들이 우리
나라에 골과 바다에 꽉 차가지고…. 그 원혼이 해결이 안 되는데 우리
가 어떻게 남북이 통일되고 화합이 될 수 있겠습니까? 동서남북이 그
래 돼 있는 것은 그런 원혼들이 꽉 차 있어서 그런 게 아닐까요? 집안
에 한 사람이 사고나 죽고 자살해 죽고 물에 빠져 죽고 해도, 집안이
망조가 나고 귀신 때문에 원혼 때문에 아무것도 안돼요. 동네에 뭐가
하나 잘못 죽어도 동네가 망한다는 말이 있는데…. 우리나라 전체에
육십오 년간 그런 일이 있었는데 그걸 안 풀어주고 있잖습니까? 귀신
들이 막아서도 남북이 절대 화합될 수 없다고 생각하고…. 죽은 사람
들의 진실규명이 되고 사죄를 하고 잘못한 거는 잘못했다고 해야만 다
시는 그런 일이 반복이 안 될 거 아닙니까? 돌아가신 분이나 살아있는

유족들이 다 마음을 풀어야 화합이 될 거예요. 그래야 동서남북이 화합돼서 우리나라가 잘사는 나라가 될 거라고 생각해요. 그런데 우리가 너무나 무관심해서 문제입니다. 다 지나간 일이 아닙니다. 사람도 그냥 죽인 게 아닙니다. 돌덩이를 매달아 부모 형제 아무도 모르게 죽였어요. 그러면서 지금까지 딱 입 닫고 있잖아요. 이 말을 꺼낸 사람들, 유족들을 다 빨갱이로 몰아 감옥에 보내고⋯. 우리는 그런 시절을 보내 왔어요. 우리가 역사적으로 그런 걸 배웠나요? 저는 배우지 못했어요. 그래서 이승만이 국부인 줄 알았어요. 그리고 박정희를 제가 굉장히 좋아했다니까요. 이제는 박정희도 싫습니다. 박근혜도 싫고요. 인정을 안 하잖아요? 잘못했다고 해야 될 거 아니에요?"

할아버지의 바다

- 예. 그렇습니다. 그런 면에서 진실화해위원회가 계속 활동하는 것이 하나의 좋은 기회였는데 연장되지 못하고 끝나버려서 안타깝습니다. 스님께서 이 일에 남다른 열정을 가지고 계시는 것 같습니다.

"제가 절에 온 지가 삼십삼 년이고 이쪽 공부만 하니까 사회 일을 잘 모르잖아요? 그런데 제가 병이 들면서 할아버지 일을 알게 됐는데⋯. 여기서 괭이바다가 삼십오 분 거리예요. 제가 여기 와서 이십일 년을 살고 있어요. 희한한 거는 제가 슬프거나 몸이 많이 아프거나 심란하거나 하면 거기 바다에 갔었거든요. 그런데 한 번씩 가서 보고 온 그 바다가 우리 할아버지가 학살된 장소란 사실을 사 년 전에야 알았습니다. 기가 막힌 거예요. 할아버지 그 일을 알고 난 뒤부터 사흘들이 갑니다. 그 바닷가를 한 시간 정도 걷고 옵니다. 비 오면 할아버지가 거기서 부르고 있는 것 같아요. 언젠가 지리산이나 종남산에 들어갈 생각을 했었어요. 제가 내원사 중이니까 내원사 살던지, 나이 한 오십 넘어가면…. 제가 고성에는 연고가 없어요. 가만 생각해 보니까 할아버지가 당겨서 여기 왔나 싶어요. 고성에는 아는 사람이 없거든요. 제가 그런 질문을 많이 받아요. 스님, 고성에는 어떻게 왔어요? 오다 보니 온 거예요. 알고 보면 인근입니다. 고향에서는 한 오십 킬로 되고, 괭이 바다는 삼십이 킬로가 되더라고요. 마산형무소에 갇혔다가 수장된 사람이 1,681명이라는 건 몇 년 전에 알았어요. 그 뼈가 일본에 넘어가 일본 어디 태평사란 절에서 수백 구 유골을 무명 유골탑으로 모셔두었다는 거예요. 창원유족회에서 가셨다는 거는 알고 있는데 저는 초파일 전이라 못 갔습니다. 일본에 가면 반드시 가보고 싶고요. 와세다 대학에 가면 할아버지 학적부라든지 그런 걸 보고 싶기도 하고요. 여러 가지로 여건이 안 되니까 그런데 시간 되면 가 보려고 합니다."

- 예. 오늘 긴 시간 동안 말씀해주셔서 감사합니다.

시급한 명예회복

■ 증언자: 김도곤 (1938년생, 희생자 김용철의 아들)
■ 증언 날짜: 2015. 4. 11.
■ 증언 장소: 경남 창원시 마산회원구 양덕동 경남도민일보 강당
■ 희생 당시 살던 곳: 경남 마산시 중성동

시민극장에서 회의한다고

- 안녕하십니까? 반갑습니다. 부친께서 희생당하셨다고 들었습니다. 그 당시 일을 기억나시는 대로 좀 말씀해 주십시오.
"예."

- 그때 선생님은 몇 살이었습니까?
"내가 국민학교 5학년 때지요."

- 어느 국민학교 다니셨습니까?
"성호국민학교 다녔어요."

- 그 당시 상황을 얘기해 주시지요?
"그 당시 아버지가 마산 시민극장 바로 위에 마산운동구점이라고 운동구 상회를 하고 있었어요. 그런데 아버지가 회의한다고 시민극장에 들어가셨다고 합니다. 그래 시민극장에 들어갔는데…. 보니까 반추럭, 쓰리쿼타라고 합니까? 그 반추럭에 막 사람을 태우고 하더라고요. 그래 나는 회의하고 어디로 가는지 그때는 몰랐거든요. 쓰리쿼타 타고 가는데…. 아버지 얼굴은 직접 못 봤죠. 그렇게 아버지가 가셨는데 나중에 어머니가 알아보니까 마산교도소에 갔다는 겁니다. 그 후로는 아무 소식도 모르고 살았습니다. 그래 세월이 좀 흐르고 난 뒤에야 아버지가 보도연맹에 가입돼서 행방불명되고 희생된 거를 아시고서…. 그때 당시만 해도 나는 몰랐지요. 그래 어머니가 기자회견도 하고, 보도연맹 이거는 이래갖고는 안 되는 거다, 이래 가지고 막 데모를 하고 그랬습니다."

함경남도 함흥에서 태어나

"저희 어머니도 성호국민학교 졸업하셨거든요. 아버지는 마산상업학교 7회입니다. 마산 상남동이 내 본적지거든요. 아주 옛날에는 내 고향이 마산인 줄 알았어요. 그런데 나중에 안 거지만 출생이 함경남도 함흥시로 되어 있더라고요."

- 함흥이요?
"왜 그렇게 되었느냐 하니까…. 아버지가 마산상고 7회로 졸업하시고 그때 왜정시대인데, 한전에 시험을 친 겁니다. 시험을 쳤는데 합격이 되어 가지고 함흥으로 발령을 받아 가지고 가시게 됐거든요. 그래서 거기서 내가 출생한 것입니다."

- 그러면 실례지만 선생님께서 몇 년생이십니까?
"38년생. 38년 10월입니다."

- 한전은 오늘날의 한전이고 그 당시는 남선전기, 조선전기 이럴 때이네요?
"예. 그런데 그거는 제가 잘 기억을 못 하겠네요."

- 그러면 어머니는 어디 분이십니까?
"어머니는 원래 마산이고 아버지도 마산 분입니다."

- 결혼은 마산서 하셨고요?
"예. 전기회사에 취직이 되어 거기서 살게 되었습니다. 그래 내 조그마

김도곤 본인.

할 때인데 이북에 살 때 기억나는 게 몇 개 있어요. 소련 사람들이 커다란 베개만한 빵을 가져 와서 사과하고 바꿔먹은, 그런 기억이 있어요. 그런데 사과를 이북에선 어떻게 하냐 하면, 밖에다가 내놓고 그게 깡깡 얼도록 둡니다. 그래 빵을 가져오면 바꿔 먹고 그랬던 기억이 납니다."

- 예. 재미있는 이야기네요.
"예. 하하. 내 아주 어릴 때죠. 가만히 생각을 해 보니까 그때 기억나는 게…. 그래가지고 우리가 해방이 되고 38선을 넘어왔어요. 나는 걷게 하고 내 바로 밑에 동생은, 류쿠샤쿠 있지요? 등산용 류쿠샤쿠 거기에다가 넣어서 등에 지고… 그래 왔습니다. 그다음에 또 생각나는 게…. 지금은 그게 다 없어졌습니다. 나무로 만든 큰 다라이가 있었는데 여기서 이사 다니면서 없어졌고, 또 엄청시리 큰 주전자가 있었는데 그것도 이사 다니면서 다 없어지고 그랬네요."

마산운동구점 운영

- 그럼 해방이 되고 가족이 다 마산으로 오신 거네요?

"그렇죠. 아버지도 그렇고 어머니도 고향이 마산이니까 해방이 되고 바로 돌아온 거지요."

- 해방됐을 때 부친은 연세가 어떻게 되었습니까?

"지금 내 금방 정확하게 기억을 못하겠는데…. 어머니하고 내하고 열여섯 살 차이거든요. 또 아버지하고 어머니하고 여덟 살 차이인가 그렇습니다."

- 아버지가 어머니 보다 여덟 살 많았네요? 그 말씀대로 지금 계산해 보니까 그 당시에 선생님은 만으로 일곱 살이었고 어머님은 스물세 살, 아버님은 서른한 살이었네요.

"예. 그렇게 되겠네요."

- 그럼 아버님이 여기 마산에 돌아오셔서는 뭐 하셨습니까? 아까 말씀하신 운동구점?

"예. 운동구점 시민극장 바로 위입니다. 옛날에 고달순 곰탕집이라고 있었거든요. 시민극장 바로 위에 그 맞은편에 고달순 곰국집이라고 있었습니다."

- 그럼 그 운동구점을 마산 오셔서 바로 하셨네요? 중간에 다른 거는 안 하시고요?

"예. 바로 했습니다."

- 그러면 운동구점 이름이?

"마산운동구점."

- 주로 어떤 걸 팔았습니까?

"그래 공하고 뭐 운동화 같은 거…. 내 기억으로는 축구공하고 배구공하고 주로 그거지요. 그때 우리가 본적지만 상남동으로 되어 있었지, 중성동에 살았거든요. 그때만 해도 축구공 배구공 같은 게 참 무거웠습니다. 내가 아버지 도와준다고 내가 그걸 매일 아침마다 울러매고 가고 또 울러매고 들어오고 그랬거든요. 그래서 그런지, 지금도 그렇지만 내 허리가 좀 구부덩하이 그렇거든요. 그리고 또 아버지가 마산중학교 학생들에게 럭비공을 가지고 그거 가르친다고 그리 다니고 하신 걸 기억을 하고 있거든요. 그 당시에 럭비공이 좀 질쭘하이 그랬는데 거기서 코치한다고 다니시고 그랬습니다."

- 마산중학교 럭비팀이 있었는데 그 팀을 지도했다는 거네요?

"예."

- 부친께서 당시에 마산중학교 럭비팀도 지도하시고…. 그럼 야구나 축구에는 관여를 안 했습니까?

"야구에는 관여를 안 하신 거 같습니다. "

이북에서 내려온 사람들 모두 보도연맹 가입해라

- 그러시면서 사상 쪽으로도 좀 활동을 하셨습니까?

아버지 김용철.

"그건 확실히 모르겠어요. 그것
보다는 이북에서 내려온 사람들
은 보도연맹에 가입을 해야 된
다고…."

- 이북에서 내려왔다고?
"예. 아버지는 마산이 고향이지
만 이북에서 내려왔지 않습니
까? 이북서 내려온 사람들은 보
도연맹에 가입을 해라, 그때 그
래 된 걸로 제가 기억을 하고 있
습니다. 아버지가 가입을 하신
걸로 알고 있습니다."

- 이북에서 내려오신 거 말고는 사상 관계나 다른 사회활동을 하신
거는 아니고요?
"그런 거는 없는 걸로 알고 있습니다. 단순하게 이북서 내려왔다는 그
이유로, 보도연맹 가입을 안 하면 안 된다고 해서 가입을 하셨을 겁니
다."

- 그 당시에 중성동 어디쯤에 사셨습니까?
"중성동에 보면 우리가 살던 집 맞은편에 빤댓돌집이 있었습니다. 빤댓
돌로 가지고 쭉 담을 쌓은 집이 있습니다."

- 예. 지금도 그 담이 남아 있습니다.

"아, 지금도 있습니까? 그 집이 신재동이라고 하는 내 친구 집이에요. 그 집이 당시에 잘 살았죠. 큰 개도 있었고. 우리는 셋방 살고 있었지만…. 그때만 해도 작대기 들고 전쟁놀이한다고 쫓아다니고 오고 그리할 때거든요. 그 집 맞은편에 애린약국이라고 약방이 있었고 거기에서 쭉 들어가면 막힌 골목이 있습니다. 거기에 우리가 살고 있었습니다."

고달순 곰국집에서 잡혀가다

- 그러다가 이제 6.25전쟁이 터졌는데요. 좀 전에 말씀하신 것처럼 회의한다고 극장으로 가신 겁니까?
"예. 회의가 있다고 보도연맹 가입한 사람들은 전부 다 오라고 해서 시민극장에 전부 간 걸로 알고 있습니다."

- 그때는 시민극장 이름이 뭐였습니까?
"그때도 시민극장입니다."

- 그럼 부친께서 시민극장에 가시는 걸 직접 보셨네요?
"내가 직접은 안 봤습니다. 간다 하고 가신 것만 알고 있습니다."

- 그때는 선생님께서 나이가?
"국민학교 5학년 때죠."

- 그러니까 당시 전후 사정을 조금이나마 이해할 수 있는 나이였겠네요?

"예."

- 시민극장에 소집된 사람들이 마산형무소로 갈 때 직접 보셨나요?
"나는 아버지를 직접은 못 봤죠."

- 다른 사람들은?
"다른 사람들이 쓰리쿼타를 타고 가는 거는 제가 봤습니다."

- 그때 이미 묶여 있었습니까?
"그 사람들은 묶여 있는 거는 아니고, 줄줄하이 태우고 가더라고요."

- 거기서 형무소까지는 아주 가까우니까….
"그런데 그때, 그분 이름이 무엇인지 모르겠는데, 거기에서 살아나온 사람도 있어요."

- 거기라면 시민극장 말입니까?
"예. 시민극장."

- 그렇다면 시민극장에 소집돼 들어갔다가 형무소로 안 가고 거기서 바로?
"예. 도망 나온 사람인데 문재길이 아버지인데…. 전에는 그 이름을 외우고 있었는데…. 지금은 기억을 못 하겠네요. 그래가지고 그 사람이 밖에 다닌 거로 알고 있었거든요."

- 어떻게 빠져나온 지는….

"모르는 거죠."

- 부친께서 시민극장으로 가신 뒤로는 얼굴을 보지 못했습니까?
"예. 못 봤지요. 그런데 이번에 내가 소송을 하면서 알게 된 이야기인
데…. 내 외삼촌은 성함이 함보훈인데 지금도 살아계시거든요. 내 외삼
촌이 내보다 열 살 안팎으로 많습니다. 외삼촌은, 아버지가 시민극장에
서 들어간 게 아니고 고달순 곰국집에서 바로 갔다, 이래 이야기를 하
시는 겁니다. 내 외삼촌이 변호사 사무실에다가 전화를 한 거라요. 그
래 내 자형이 그래 간 게 아이고 고달순 음식점에서 갔다고 말씀하신
거라요. 이래 이야기가 됐어요. 그래서 나는 그런 것만 알았지 몰랐거
든요."

- 고달순 곰국집에서 잡혀갔다는 거네요?
"그날 시민극장에 가신 게 아니고 고달순 곰국집에서 잡혀갔다는…."

- 그러면 그 뒤로 아버님을 못 보시고?
"예. 지금까지 얼굴도 못 봤지요."

- 그러면 그때가 언제쯤이라고 들었습니까?
"전쟁 나고 난 뒤인데 확실히 기억을 못 하겠네요."

부친의 행방을 찾아서

- 그러면 그 뒤에 집에서는 부친을 한참 찾았을 거 아닙니까?

"부친을 많이 찾았죠. 찾았는데…. 어머니가 면회도 하고 옷도 넣어주고 그랬는데…. 그 시민극장에서 또 갑자기 어디론가 행방불명 됐어요. 아, 시민극장이 아니고 마산교도소에서요. 또 없어진 거라요. 그래 양 사방에 알아보시고 이러니까 아버지가 마산형무소에 간 게 아이고 군 법무 뭐…. 군 형무소로…. 군 형무소가 별도로 있는 모양이라요. 군 형무소로 가셨다, 이래 돼서 어머니가 막 찾고 이랬는데 못 찾고…. 그 뒤에 내가 커가지고 한참 후에 이 소송을 하기…. 아, 소송을 하기 이전이구나, 소송을 할 때 기록 안 있습니까? 부산 감천동인가 가니까…."

- 정부기록보존소?
"예. 기록보존소 거기 보니까 마산형무소에서 돌아가신 줄 알았는데 그 기록에 아버지가 안 나오는 거라요. 아버지가 안 나오시고 이래 가지고…. 그러고는 나이가 들자 뭐…. 이것도 처음에 마산에 경남도민일보 김주완 부장한테 찾아가지고, 소송하고 이럴 단계인데 내 아버지가 보도연맹 때문에 돌아가셨다고 했어요. 그러니까 아, 그래에? 주소하고 적어 놓으면 마산에 조사하러 올 겁니다, 그때 내 일 번으로 불러 드리겠습니다, 이러더만 또 한참 지났는데 아무 연락이 없어요. 그거는 불과 얼마 전 아입니까? 그러니까 이 소송하기 몇 년 전입니다."

- 그럼 현재도 민사소송 중이지요?
"예. 판결이 한번 나왔지요. 우리가 승소를 했다 아닙니까. 승소를 했는데 그 외에 자꾸 이리저리하면서 결론이 아무것도 안 나오고 있거든요. 지금 진행 중 아닙니까."

민주공화당 지구당에서 근무

- 조금 더 옛날애기로 돌아가서요. 그 당시에 아버님이 사실상 희생 당한 거지만 행방을 모르는 상황에서 남은 가족들이 살기가 어려웠을 것 같습니다.

"그때만해도 나는 뭐 어리고…. 호적을 바로 해라 이랬거든요. 호적 정리 기간인가 있었어요. 호적을 정리 안 하면 말소시킨다 이리 됐는데…. 나도 커가지고 스물 몇 살 되었을 때, 호적 말소를 하러 갔을 적에 아버지가 보도연맹으로 돌아가셨다는 소리를 못했습니다. 보도연맹 어쩌고 하면 직장도 얻기도 힘들고…. 여러 가지 문제가 있었거든요. 보도연맹 뭐 이러면 전부 다 죽는 줄 알았죠. 직장 얻으려고 해도 힘들고 이랬을 때입니다. 그런데 그 당시에 공화당 사무실에 한범석 씨라고 하는 분이 있었습니다. 어머니가 그 한범석 씨를 찾아가서, 우리 아이가 놀고 있다 하니까 공화당 사무실에 내가 데리고 있을 거니까 보내라, 이래서 거기서 근무를 하게 됐다 아닙니까."

- 마산에?

"예. 마산에 공화당 제1지구당에…. 한범석 씨라고 있습니다. 그때만 해도 위원장인가 사무국장인가 한범석 씨라고 있었습니다."

- 민주공화당 마산지구당?

"예. 경남 제1지구당인가 그렇습니다."

- 그럼 공화당에서 근무를 오래 하셨네요?

"예. 좀 오래 했습니다. 그 한범석 씨가 돌아가셨지만…. 그때만 해도 내가 참…. 요즘은 술을 끊고 많이 안 먹지만 술도 엄청시리 많이 먹었습니다. 왜 그랬냐 하면, 한범석 씨가 공화당 사무실에 오라 하기 전에, 북면 온천장에 가면 강을 따라 양배수 공사하는 공사장이 있었습니다. 거기서 내가 한 삼사 년 정도 있었는데 술도 많이 먹고…. 그래가지고 공화당 사무실에 상당히 오래 있었습니다. 공화당에서 추천을 해가지고 마산시청에 직장을 구해 다닌 사람도 많이 있습니다. 그런데 나는 그때 사촌 매형이 도시공업이라는 업체를 하면서 공사장에 공사 일을 맡아가지고 하게 됐었거든요. 그래 거기 들어가서 한 몇 년 있는 바람에 저는 마산시청에는 참여를 못 했죠. 그래 얼마 전까지만 하더라도 시청에 다니다가 정년퇴직하고 그만둔 친구도 많았습니다.”

- 선생님이 다닌 그 회사는 이름이 뭐라고요?
“도시공업. 그래 거기 다니면서 방금 얘기한 양배수 공사장에 한 몇 년 있었거든요. 매부가 했기 때문에 거기 가서 일을 하게 된 거죠. 또 거기에서 저기 전라도로 어디로…. 도시공업이라는 회사가 뭐 했느냐 하면, 옥상에 아스팔트로….”

- 방수?
“예. 방수를 하게 되면 물이 안 샌다고 해가지고 아스팔트로 칠하고 루핑을 붙이고 이런 공사를 했거든요.”

고마운 안호필 교장 선생님

- 아버님이 그렇게 행방불명되고 여러 가지로 힘들었겠습니다.

"그렇지요. 그 참 어머니가 내 때문에 고생 참 많이 했습니다. 내가 좀 더 커서 고등학교를 가게 되었습니다. 나는 고등학교를 통영에서 다녔는데 지금은 통영수산전문학교로 바뀌었지요."

- 그럼 그 당시 다니실 때는 학교 이름이?

"통영수산고등학교였어요. 내가 마산상고에 시험을 쳐가지고 두 번이나 떨어졌다 아닙니까. 그래 어머니가 나를 공부를 시켜야 된다 이래서. 당시만 해도 통영수고 유니폼이 하얀색에, 밑에 나팔바지 그놈 입고. 유니폼이 참 좋았습니다. 모자도 해군들 쓰는 모자 비슷한 그런 거고. 학교에 시험 치러 갔는데 넓은 운동장에 우리 어머니 한 분만 와 계셨습니다. 참 운이 그리돼서 그런가 모르지만…. 시험을 쳤습니다. 그런데 교장 선생님이, 너거 아버지가 김용철이가? 이렇게 묻는 겁니다. 예, 제 아버지가 김용철입니다, 하니까 그래 아버지가 돌아가셨제? 그렇습니다, 어머니는 어찌 사시노? 이러시는 겁니다. 어머니 지금 운동장에 와 계십니다 그랬더니, 어머니 좀 들어오시라 해라, 이래 됐습니다. 나가서 어머니를 모시고 들어 왔더니, 어머니가 어 하고 깜짝 놀라시는 겁니다. 그 교장 선생님이 바로 안호필 교장 선생님입니다. 그런데 그 선생님이 우리가 이북에 있을 적에, 어찌 함흥에 왔는데, 명태 눈알 안 있습니까? 그게 그래 맛이 있더라 하시며…. 그래 그때 내가 뭐했냐 하면, 학교 다닐 적에 탁구를 쳤거든요. 잘은 못 쳐도 탁구를 좀 친다고 깔짝깔짝 하고 그랬어요. 그래 어머니를 만난 덕분인지 합격이 되었어요. 그것도 잘하는 선수는 아니라도 탁구를 친다고 하니까, 탁구부 장학생으로 들어간 겁니다. 그래 탁구부에 있으면서 어떻게 졸업을 겨우 했어요. 그 안호필 교장 선생님 덕분에 학교도 장학생으로 마쳤습니다. 교장 선생님이, 내가 내년에 여기 그만두고 마산어업조합에 취직해 갈 거다, 그때 내 니 데리고 갈 거니까 그리 알고 있으라 이러셨는데…. 박정희 군사쿠데타가 일어나가지고 그분도 어디 갔는지 행방불명이 되고 연락도 안 되고…. 참 고마운 선생님이었는데…."

- 그러면 어머님은 생존해 계십니까?
"어머니는 사오 년 전에 돌아가셨어요. 어머니가 칠십 아홉에 돌아가셨습니다. 고생도 많이 하시고 돌아가셨어요."

진상규명에 앞장선 어머니

- 아까 말씀하셨던 어머니께서 기자회견도 하고 데모도 하고 하셨던 것은 4.19혁명 일어나고 난 뒤에 일이지요?
"예. 그런 것 같습니다."

- 어머니께서 노현섭 선생하고 같이 유족회 활동을 하셨겠네요?
"예. 마산역 광장 거기서 모여가지고 기자회견도 하고…. 확실히 기억을 못 하겠는데…. 어머니가 그 사진에도 나오고…."

- 아, 어머니 모습도 나옵니까?
"지금 없습니다. 어머니 사진도, 내 어릴 때 사진도 이사 다니면서 다 없어져 버렸어요."
- 지금 그럼 아버님 사진은요?

어머니 함명순.

"아버지 사진하고…. 어디 있기는 있을 겁니다."

- 현재 남아있는 거라도 좀 챙겨와 주시면 좋겠습니다.
"예. 챙겨보겠습니다. 안되면 지금 포항에서 내 동생이 절을 하고 있거든요. 제사 지낸다고 어머니 아버지 영정을 거기에 보내둔 게 있을 겁니다. 그거를 한번 찾아보던지 하겠습니다."

- 예. 어머니께서 마산역 광장에서 그 당시에 기자회견도 하고 유족회 활동을 하시면서 진상을 밝히려고 적극적으로 노력하셨네요?
"예. 그렇습니다."

- 어머니께서는 성함이 어떻게 되십니까?
"함명순입니다. 다 함. 아버지는 김용철이고요."

- 그 당시에 친척들이나 그런 사람 중에 이 사건으로 행방불명된 사람이 또 있었습니까?
"내가 알고 있기로는 보도연맹으로 들어간 사람은 아버지 혼자밖에 없는 거로 알고 있습니다."

- 그럼 친구들 가족 중에는?
"친구들 중에도 그런 사람이 없습니다."

- 사건 말고 다른 사건으로는?
"다른 사건으로 간 사람도 없고…. 그 빤댓돌 집 그 맞은편에 약방 골목에 가면…. 내 친구가 지금 죽었지만 정수관이라고 있었습니다. 그 친구 아버지가 뭘 했느냐 하면, 그때 당시에 말 타고 다니면서, 불종거리 그 위에 보면…. 그 무슨 특무대인가 이래가지고 말 타고 다니고 그랬어요. 그래 우리 어머니가 거기에도 아버지 건을 부탁하고 그랬던 모양입니다."

- 정수관이란 친구의 아버지가 말 타고 다니는 기마경찰이었습니까?
"내가 지금 기억하기로는 기마경찰 보다 더 높은 특무대 뭐 그런데로 알고 있거든요. 어머니가 부탁을 하고 그랬는데 결과가 안 좋았으니까 뭐 그대로…."

- 선생님 주변에서는 아버님만 그렇게 희생되었네요?
"예. 집안에도 없습니다."

명예회복이 되려면

- 65년 전의 까마득한 옛날 일인데 아직도 맺힌 한은 풀리지 않고 있는데요. 그래서 지금 유족회에 나와서 활동도 하시는데…. 선생님께서 요즘 생각하시는 게 있으면 말씀해 주십시오.
"뭐 특별한 이야기를 하기보다도…. 이게 벌써 몇 년 됐거든요. 그 옛날 어머니 때부터 이야기하자면 말도 다 못하지요. 그런데 지금 현재 우리 유족들이 말하고 있는 게 뭐냐 하면…. 명예회복이다, 뭐다, 오늘도 그 세 가지 얘기가 나왔지만…. 정말 명예회복이 되려고 그러면 우선 이 문제가 빨리 해결이 나야 됩니다."

- 재판 말씀이지요?

"예. 재판결과가 빨리 나와야 돼요. 어떻게 되던지…. 잘되면 명예회복 아니겠습니까? 좋은 방향으로…. 빨리 결과가 나와야 될 것인데…. 자꾸 이리저리하니까…. 사람 마음만 더 참 아프고 그렇네요. 어머니 때부터 그랬으니까 그게 벌써 몇 년입니까?"

- 평생 한이 되었는데…. 65년이 지나도록 이러니 답답한 상황입니다. 다음에 또 얘기 듣기로 하고 오늘은 마치도록 하겠습니다. 오늘 말씀해 주셔서 고맙습니다.

"예. 고맙습니다."

희생자 위령은 우리시대의 의무

■ 증언자: 김순애 (1948년생, 희생자 김기태의 딸)
■ 증언 날짜: 2015. 4. 21.
■ 증언 장소: 경남 창원시 진해구 여좌동 자택
■ 희생 당시 살던 곳: 경남 창원군 상남면 삼정자동

8.15해방, 태극기 흔들며 안민고개 넘어온 아버지

- 부친께서 전쟁 때 행방불명되고 돌아가셨는데 그 얘기를 아시는 대로 해주십시오. 먼저 그 당시에 어디에 살고 계셨습니까?

"창원 삼정자동에 살고 있었습니다. 우리 아버지도 삼정자동서 태어나시고 나도 삼정자동서 태어났어요. 거기가 고향이에요. 우리 엄마는 함안 칠서면이 고향이고요. 광주 안씨이고 저는 상산 김가고요. 나중에 외가가 칠서에서 마산으로 이사 왔어요. 성호동 골짜기, 그 위에 절이 있고요. 우리 외갓집이 꼭대기에 있었는데 그 위의 산 밑으로는 다 밭이었어요. 절에서 대자유치원으로 돌아 올라가면 거기가 산인데 바로 산 밑에 외갓집이 있었지요."

- 그럼 삼정자동 사실 때 함께 살던 가족들은 어떻게 됩니까?

"조부, 조모, 엄마, 삼촌, 고모, 나 그리고 아버지, 그렇게 살았어요."

- 일곱 분이 삼정자동에서 한집에 사셨네요?

"예. 아버지가 그렇게 되고 우리 삼촌도 이내 군에 가셨어요. 아버지 행방불명되고 그 이듬해지요. 삼촌이 또 군에서 전사를 하셨어요."

- 삼촌께서 또 이내 군에 가셔서 전사하고 말았군요. 아버님께서 행방불명된 그다음 해에. 연이어 불행이 닥친 건데, 그럼 삼촌은 어디서 전사하셨다고 하던가요?

"어디서 전사했는지는 잘 모르겠어요. 통지서가 왔어요. 하지만 집구석이 풍비박산이 났으니까요. 나중에 우리 조모님 돌아가시고 나서 알고 보니까, 서울 국립묘지에 있다 그러더라고요. 고모가 찾아가 봤지요."

- 삼촌은 그러니까 국군으로 입대해서 전사를 한 거로군요. 그리고 그때는 결혼도 하기 전이었겠네요.

"총각으로 돌아가셨지요. 아버지는 돌아가실 때 스물다섯 되셨고요."

- 그렇군요. 그럼 아버님은 당시에 고향에서 농사를 지으셨습니까?

"농사를 지었죠. 농사 지으면서 아버지가 신문지국에도 다녔답니다. 무슨 신문인가 그건 잘 모르겠는데, 아무튼 진해에 있는 신문사 지국에 다녔어요. 우리 고모도 나이가 어리고, 할머니도 뭐 무학이니까 그런 거는 잘 몰랐지요. 신문사에 계속 다녔답니다. 8.15해방이 됐을 때 우리 아버지가 태극기를 흔들면서 안민고개를 넘어왔더랍니다. 걸어서."

- 그럼 8.15해방 전부터 진해에 있는 신문사에 다니고 계셨던 거네요?

"그랬던가 봐요. 그러니까 안민고개를 넘어왔겠지요. 진해에서 안민고개를 넘으면 창원이잖아요."

짝지형사가 우리 기택이 잡아갔다

- 그러면 아버님께서 행방불명 될 때 당시 상황을 좀 얘기해 주시지요.

"진해에 짝지형사라 하는 사람이 있었답니다. 별명이 짝지형사인데 아주 악명이 높았다고 합니다. 그런데 한날 밤에 이 짝지형사가 퉁퉁한 형사 한 사람하고 같이 와서는 아버지를 데리고 갔다고 합니다."

- 아버님을 잡아간 짝지형사라는 진해경찰서에 근무했던가요?

"진해에서 잡아갔어요. 바로 진해경찰서로 갔답니다. 진해경찰서로 잡혀갔다가 거기서 마산형무소로 갔다고 합니다."

- 짝지형사란 사람은 이름이 어떻게 됩니까?
"이름도 모르고 그냥 짝지형사라고만 불렀다고 합니다."

김순애 본인.

- 그런데 왜 짝지라 불렀는지 혹시 그건 들었습니까?
"모르지요. 우리 할머니가, 짝지형사가 우리 기택이 잡아갔다, 짝지형사가 우리 기택이 잡아갔다, 하면서 만날 우셨거든요. 우리 아버지 성함이 기택이거든요. 그래서 짝지형사라고만 알고 있지요."

- 그럼 부친께서 잡혀가셨을 때가 언제쯤이라고 하시던가요? 6.25전쟁이 나기 전이었습니까?
"제가 48년생인데 두 살 정도 돼서 아버지가 돌아가셨으니까 전쟁 나기 전이네요. 한 일 년 정도 되는 거 같네요. 짝지형사에게 잡혀간 때로부터 행방불명된 때까지가 한 일 년 정도 되는데 그럴 겁니다."

- 그러니까 부친이 잡혀가신 거는 우리 나이로 두 살 때이네요. 그럼 무슨 혐의로 잡혀가신 건지 혹시 들으신 게 있습니까?
"못 들었어요. 그 당시는 험악할 때니까 전혀 모르는 거지요. 짐작만

할 뿐이고요. 근래에 와서 제가 소송을 하고 이러면서는 알게 되었는
데 당시는 몰랐을 겁니다."

- 그럼 그 뒤로는 어떻게 되었습니까?
"그래 아버지가 형을 일 년 몇 개월인가를 받고 마산형무소에 있다는
걸 알았다고 합니다. 그러니까 그때부터 엄마는 외갓집에서 마산형무
소로 오가는 게 일과가 됐다고 해요."

소도 팔고 논도 팔았으나

- 그럼 그때는 외가가 마산으로 이사를 왔을 때겠네요?
"그렇지요. 내가 두 살 때지요. 엄마가 새벽에 나를 업고 마산형무소
앞으로 갔답니다. 형무소에서 머리에 뭐를 쓰고 일을 하는데, 남들하
고 똑같은 죄수복을 입고 있으니 알아볼 수가 있습니까. 그래 그 너머
로 한참을 지켜보다가 우리 아버지가 나올 거 같다 싶으면, 내 궁둥이
를 이렇게 콱하고 꼬집었답니다. 그러면 내가 울잖아요. 그럼 나를 돌
려세워가지고 잡고 있답니다. 그러면 우리 아버지가 안에서 보고 고개
를 끄덕끄덕하고 그랬답니다. 당시 아침마다 일과가 그거였답니다."

- 말하자면 거의 매일 비공식 면회를 다니신 거로군요.
"그런 거죠. 그런데 그 당시에 그쪽에서 사람을 빨리 나오게 하려면 돈
이 필요하다고 했답니다. 우리 외갓집 친척 중에 법원에 서기 보는 사
람이 있었다고 하더라고요. 그래서 소 한 마리 팔고, 논도 서 마지기
팔아서 돈을 만들어 보냈답니다. 그런데도 아무 소식이 없었다고 합니

다. 그래 한 날은 낼모레 아침에 나온다고 하는 소리를 듣고, 우리 엄마가 나를 들쳐업고 아침 일찍 갔답니다. 기분이 좋아가지고요. 그런데 가니 형무소 문이 활짝 열려 있더랍니다. 우리 엄마가 너무 놀래가지고, 이게 어찌 된 일이고? 하고 물으니, 다른 데로 이송했다, 하더랍니다. 거기가 상남동 아닙니까? 상남동 거기 주위 사람들이 말하기를, 몇 날 며칠을 싣고 나갔다, 이렇게 말하더랍니다."

- 당시에 사람들이 어디론가 실려 가서 학살당했다는 걸 아셨는가요?
"금방은 몰랐겠지만 나중에 소문이 나면서 짐작은 하지 않았을까 싶습니다. 당시 아버지하고 같이 잡혀간 우리 할머니 백씨, 그러니까 할머니 언니 아들도 같은 날 잡혀가서 교도소 안에 갇혀 있었다고 합니다. 그 사람의 아는 사람이 거기 간수로 있었답니다. 세월이 지나서 그분이 날짜를 얘기해 줬다고 합니다. 그동안 음력으로 칠월 초 열흘, 아니 초아흐레에 제사를 지내왔는데 그 오빠가 알아보니 맞더랍니다."

- 그러니까 음력 7월 9일에 돌아가셨다는 거네요?
"그렇지요. 그날 바다에 수장이 되셨다고 보는 거지요."

삼정자동의 좌익들

- 말씀하신 조모님 언니의 아들이란 분도 같은 동네 살았습니까?
"아니요. 그분은 성주사, 현재 성주사역 있는 그 동네에 살았지요."

- 존함이 어떻게 되셨습니까? 성씨라도 기억나십니까?

"은진 송씨, 송씨였습니다."

- 그분은 송씨였고, 조모님 언니의 아들이었고, 같이 잡혀간 건가요?

"같이 잡혀갔는가는 잘 모르겠고요. 형무소 같은 방에 있고, 학살당할
때 같이 나갔다고 합니다."

- 부친께서 잡혀가시기 전에 동네에서 무슨 활동을 좀 하셨는가요?

"잘 모르겠어요. 다만 그 뒤에 들은 얘기로는 그런 사람이 많았다고 합
니다. 삼정자동 그 동네에 전의 이씨 한 사람이, 우리 바로 뒷집에 살
았는데 아버지하고 친구분이었답니다. 대농가였는데 그분이 근방에서
말하자면 가장 중심적 역할을 하는 사람이었다고 합니다. 그분은 거제
에서 잡혀서 총살당했다 하대요."

- 거제에서요?

"예. 거제에서 잡혀가지고 총살당했다 그러데요. 그분이 아버지 친구분
이었는데, 좌익 활동을 했는지 안 했는지는 모르겠지만 영향을 받았던
봅니다. 그 동네는 거의 다 그렇게 해서 돌아가셨습니다. 좀 똑똑하다
싶은 사람들은 다 돌아가셨어요. 군에 갔다든가 외지에 있었던 사람들
만 살았지, 거의 다 돌아가셨습니다. 우리 동네가 같은 삼정자동이라
도 내리는 좀 무식한 사람이 많고 단순했어요. 그리고 우리 외리는 거
의 다가 특산물도 없는데, 산 밑에서 농사만 조금 짓고 그랬는데, 거의
다 고등학교 대학교 다 다녔어요. 공부를 좀 많이 시킨 편이라요. 내리
사람들은 우리 동네로 머슴을 많이 살러 왔었어요. 그런데 저쪽 동네
사람들은 억척스럽고, 우리 동네 사람들은 깔끔하고 게으르고 그렇더
라고요."

- 외리라는 동네가 몇 호나 됐습니까?

"한 오십 호나 됐습니다. 김해 김씨가 좀 살았고, 전의 이씨가 좀 살았고 그랬어요. 전의 이씨가 좀 득세를 했어요. 그러다 지서장이 새로 왔어요. 동네 야학교에서 옆에 동네하고 윗동네하고 인사를 한다고 그랬을 겁니다. 그런데 저녁에, 새로 온 지서장이 산에서 총살당했습니다."

- 새로 온 지서장이라면 상남지서장 입니까?

"성주지서요. 철길 밑에 성주국민학교 옆에 지서가 있었거든요."

- 옛날부터 활동하던 좌익들, 그 사람들이 총을 쐈다는 거네요?

"단체를 이뤄가지고 좌익들이 총을 쐈다 합디다."

- 그 당시 그럼 그런 활동하던 사람이 많았던 모양이네요?

"많았답니다. 삼정자동에도 우리가 바깥외리고, 안외리도 있고 그런데, 그래가지고 그 동네 사람들이 많이 돌아가셨답니다. 우리 동네에서 전의 이씨 중에 요행히 살아난 사람이 있었는데, 이름 바꾸고 해가지고 나중에 상남장에서 노점상도 하고 그랬답니다."

- 그럼 동네 야학은 어디 있었습니까?

"삼정자동 외리 입구에요."

- 야학 이름은 혹시 아십니까?

"모르지요. 야학교가 있었다 하대요."

- 야학에 다니시지는 않으셨고요?

"저는 나이가 어렸었죠."

화병으로 돌아가신 할아버지

- 그러면 부친이 행방불명되고 나서는 외가에 계속 계셨네요?
"아니요. 창원에서 마산 갔다가, 다시 창원 갔다가 그랬지요."

- 삼정자동까지.
"집에서 기차를 타고 구마산역에 내리면, 강남극장 앞으로 해서 대자
유치원 지나서 올라갔다 내려갔다 했거든요. 외갓집 올라가는 길에 절
이 있었고요. 하도 많이 다녀서 그리라면 그릴 수도 있을 정도예요. 강
남극장 앞이 너른 운동장처럼 그랬어요. 거기에 고만고만한 노점상들
이 뭘 놓고 팔고 있었고요. 바로 길 건너편에 대자유치원, 내가 그 유
치원 이름도 외우고 아직 안 까먹습니다. 지금도 아마 있을 겁니다."

- 마산에서 제일 오래된 유치원인데 최근에 크게 새로 지었습니다.
"그렇습니까. 아버지가 그렇게 스물다섯에 비명에 돌아가시고…. 엄마
가 그 이후로 외갓집에 갔다가 우리 집에 왔다가 몇 년을 오락가락했
어요. 당시에 우리 할아버지가 엄마를 안 보려고 했습니다. 저게 와서
아들 둘이 다 죽었다, 이런 원망을 하면서요. 쫓기듯 외갓집에 가면, 외
갓집은 외갓집대로 외할아버지가 고마 가라, 그러니까 또 돌아오고 그
랬답니다. 그런 엄마가 만날 내 손목 끌고 왔다가 갔다가 했으니까, 내
가 그 어린 나이에 얼마나 힘들었겠습니까. 우리 할아버지가 이렇게 구
레수염이 난 모습으로 만날 나를 업어주었어요. 동네 창피스러워서 밖

으로는 못 나가고 집안에서만 그렇게 나를 업고 왔다 갔다, 그랬어요. 내가 등에 업혀서 우리 할아버지 수염을 잡아당기고 그랬던 기억이 나네요. 아들 둘 다 그렇게 비명에 보내고 화병이 났어요. 눕지도 못하고 앉지도 못하고 그렇게 근 일 년을 있었어요. 나중에는 이불을 이렇게 깔아놓고 누웠다 앉았다 이러시다 돌아가셨습니다. 할아버지가 음력으로 칠월 열나흗날 돌아가셨거든요. 내가 여섯 살 때였지요."

- 할머니는요?
"할머니는 한참 오래 사셨어요. 내가 결혼하고 큰애 낳고 한참 있다가 돌아가셨으니까요."

- 함께 사시던 고모님은 그 후 어떻게 되셨습니까?
"우리 고모는 내 초등학교 3학년인가 그때 시집갔어요. 아버지하고 삼촌하고 다 잃고 나서는 우리 할아버지가, 고모가 하나뿐인데, 남들 앞에 서지도 못하게 하고 그랬습니다."

기적 소리 들리면

"돌아가시고 우리 엄마가 집으로 왔어요. 옷을 한 벌 사 와서 입혀주면서 그러더라고요. 순애야, 열 밤만 자면 내가 데리러 올 거마…. 그랬는데 그때부터 지금까지…. 저 마산에서 진해가는 마지막 차가 아홉 시 반에 우리 동네를 지나갔어요. 상남역에서 우리 성주사역까지 4.4 킬로거든요. 상남역에서 붕 하면서 기차 뜨는 소리가 나면…. 오늘 저녁에나 올려나, 내일 저녁에나 우리 엄마 올려나…. 지금도 그것만 생각하면 눈물이 납니다. 하지만 우리 엄마도 이젠 돌아가셨어요."

- 어린 나이에 상처가 크셨겠습니다.

"옛날에는 연탄 나기 전에 숯을 팔았어요. 우리 동네 삼정자 저쪽에 산이 참 깊어서 숯을 많이 구워 팔았습니다. 숯을 팔러 간 사람들이 한 여섯 시쯤 마산서 올라오는 기차를 타고 옵니다. 그 사람들이 동네로 올라오는데, 그 가운데 동산이 하나 있습니다. 그 동산에 보면 옛날 득세를 한 김기철 씨 집안의 왕릉 같은 무덤이 있어요. 그 무덤 뒤에 숨어서, 혹시나 오늘 우리 엄마가 오나 싶어서 지켜보는 거예요. 그 마음이 지금도 그래요. 옛날 외화 같은 거 보면, 카우보이 영화 같은 그런 거 있지 않습니까. 거기에서 기적 소리 삐익 나면, 그렇게 가슴이 아플 수가 없어요."

- 그 무렵에 어머니께서 다른 곳으로 재혼을 하신 거로군요.

"예. 재혼을 해 갔습니다."

- 마산에요?

"북마산에 동중 안 있습니까? 그 동네로 재혼을 해 안 갔습니까."

- 그럼 그 뒤론 못 보셨습니까?

"봤습니다. 초등학교 6학년 때까지 여름방학, 겨울방학이 되면 보내줬습니다. 할머니가요. 그 영감이 무슨 사업을 하는 모양이에요. 살짝 가서 문을 열어보고 구두가 있으면 못 들어가고, 없으면 들어가서 보고 그랬어요. 가슴 아픈 사연이 참 많았습니다. 가기 싫어서 안 가려 해도 우리 할머니는, 저게 얼마나 엄마가 보고 싶겠나 싶어서 여름방학,

겨울방학 때 그 숯 장사를 따라 보내는 거예요. 그래 그 집에 못 들어 가면 하루종일 근처 만화방에 가 있는 겁니다. 할머니가 돈을 조금 더 주셨거든요. 해가 다 지면 숯 팔고 온 사람들 만나서 기차 타고 돌아 오고요. 뭐시야, 순애야. 해가 다 지가면 역전에 와 기다리고 있거라, 그러고 헤어지거든요. 한번은 우리 엄마도 못 만나고 그러고 있는데 우 연히 담임선생님을 만났습니다. 선생님이 나를 보더니, 아이고, 순애 야. 네가 여기 어쩐 일이냐? 하시는데 선생님을 붙잡고 막 울었어요. 울기는 왜 우냐, 할머니가 엄마 만나라고 보내서 왔는데 여차저차해서 엄마도 못 만나고 그래서 그런다고 하니까 선생님이 시계를 보더니 대 뜸 가자 하시더라고요. 선생님이 문을 두드리니까 엄마가 나왔어요. 그 래 우리 선생님이 엄마를 보고 막 나무라는 거예요. 당신이 이러면 되 느냐, 이렇게 엄마가 보고 싶어 하는 애를 보냈는데, 당신이 문도 안 열 어주고 식모보고 없다 해라 하고… 이 애가 하루 종일 이 추운데 얼 마나 떨었겠느냐고… 그렇게 막 뭐라 하시더라고요. 이튿날 선생님이 우리 할머니를 불렀어요. 선생님이 할머니에게, 이제 보내지 마이소, 그 러시더라고요. 그래 얼마 안 있다가 엄마는 서울로 이사를 가버렸어 요. 한참 나중에 주민등록증 만드는 바람에 다시 만나게 됐습니다."

- 그렇게 모친과 헤어지고는 그럼 언제 다시 만나신 겁니까?
"주민등록증 하던 그해 만났지요. 내 시집가기 전인가?"

- 어떻게 만나게 되셨습니까?
"나는 후에 결혼을 해서 진해로 왔어요. 신랑이 진해 비료공장에 다녔 습니다. 그리고 우리 모친은 보니까… 그 본처가 행방불명이 됐던가 봐요. 춤바람이 나서 그랬다든가 어쨌든가. 저쪽에서 호적 정리가 안 되니까 이쪽에서 호적을 못 파갔답니다. 나중에 79년도에 호적을 파갔다 하더라고요. 그래 아무튼 처음 주민등록 할 때 그 당시에, 사람들이 주민등록증 그거 못하면 아무 데도 가지도 못하고 그렇다 그러니까, 서울서 내려왔던 거지요. 서울서 내려왔는데, 상남면에 가서 물어보니 잘 모르더라는 겁니다. 그래 어떻게 수소문을 해서 찾아오셨더라고요. 그렇게 인연이 돼가지고 다시 만나게 됐습니다."

아무도 찾는 이 없는 외로움

"엄마를 다시 만났는데, 우리 신랑이 비료공장 다니고 돈도 잘 벌고 할 때는 남보다 안 낫겠나 싶어서 참 잘했지요. 잘했는데, 우리 신랑이 병으로 죽었어요. 그때부터 모든 걸 놓았습니다. 그때 내가 서른다섯이었는데 아들이 둘이었습니다. 하나는 곧 마흔일곱이고, 또 하나는 마흔넷, 그렇습니다. 할머니가 참 근엄했습니다. 내가 시집올때까지, 우리 순애야, 이 소리 한 번 안 듣고 내가 시집을 왔습니다. 할머니가 신랑보다는 먼저 돌아가셨지요. 우리 신랑도 성격이 좀 별나고 그랬지만, 그 젊은 나이에 신랑 죽고 나니까 아무도 찾아오는 사람이 없습니다. 시집이 진전면 오서리인데 아무도 찾아오는 사람이 없고요. 하나 있는 고모도 내 한번 쳐다 안 보고…. 내 그런 거 말하자면 한이 없습니다."

- 진전 오서리면 성씨가 권씨입니까?
"권씨 아닙니다. 허씨입니다. 권씨면 좋지요. 오서리가 아니고 오서리에서 창포로 조금 내려가면 호산부락이라고 조그마한 동네가 있습니다. 거기에 허씨가 몇 집 있습니다."

- 아버님이 행방불명되는 바람에, 어머님도 그렇게 되시고….

"고모도 우리 신랑 죽고 나니 안 오고, 큰집도 우리 신랑 죽고 지금 삼십 년쨀데 아무도 안 오고…. 엄마도 그랬지만, 그래도 다시 만나서 내가 참 잘했습니다."

편지지 열 장

- 그 뒤에 부친 희생과 관련해서, 그 뒤에 언제 알게 됐습니까?

"우리 오촌 당숙이 진해고등학교 나와서 부산에서 경찰서장까지 했습니다. 당숙이 우리 고모한테 연락을 했습니다. 그거 신청한다 하더라, 진해 허실이도 하라고 해봐라, 하고요. 그렇게 전화가 왔더라고요. 피디수첩에 나왔다고 하면서요. 저는 형제간이 없고 부모도 없지만 대신 선후배를 많이 찾았습니다. 지금도 선후배들이 참 잘합니다. 많이 도와줬습니다. 성주사역 근처 살던 선배가 생각나더라고요. 서울문화방송에 근무했던 사람인데, 명단에서 찾아가지고 전화를 했지요. 김순애라 하면 선후배들이 거의 다 알았습니다. 저 선배, 김순애입니다, 하니 딱 알아듣더라고요. 아이고 어쩐 일이고 하대요. 그래 내가 피디수첩에 보도연맹 사건 방송을 했다 그러는데, 중앙에서 했는지 지방에서 했는지 선배가 좀 알아봐 주세요, 하고 부탁을 했어요. 아, 나는 잘 모르는데 알아볼게 하더니 곧 전화가 와서는 마산방송국에서 했단다, 하더라고요. 그래 마산방송국 대표전화로 물어보니까 담당을 바꿔주더라고요. 아, 지금 신청을 받고 있습니다, 하대요. 진해시청에서 받으니 거기 가보라 하더라고요. 바로 택시를 타고 갔지요. 일 번이더라고요. 첫 번째이더라고요. 우리 오촌 당숙이 그러더라고요. 허실아, 니 문장력이 안 있나, 아버지 친구들 찾아뵙고, 또 할머니에게 말씀들은 대로 정확하게 써라, 그렇게 말씀하시더라고요. 뭐 자랑할 건 아니지만, 제가 학교 다닐 때 정말 공부를 잘했습니다. 이사 다닐 때 힘이 들어서 그렇지 책이 참 많았어요. 책을 좋아했는데, 단테 신곡…. 뭐 안 읽어본 책이 없습니다. 내가 부산 데레사여고 나왔거든요. 우리 고모가 부산 있었어요. 내가 어떻게 해서든지 성공을 해가지고, 언젠가 평생에 우리 엄마를 다시 만나게 되면, 엄마가 나한테 이렇게 했나, 그래도 내 보란 듯이 이리 잘됐다, 그렇게 하려고요. 참 공부도 열심히 하고, 책도 많이 보고 그랬습니다. 그때만 해도 참 어려웠습니다. 우리 어릴 때만 해도 한참 시골이었거든요. 바람에 신문지 날리면 그거를 주워서 보고, 글 쓰인 거는 내가 다 주워서 보고 그랬습니다. 그래도 내 노력으로, 머리도 좋아가지고, 백일장만 나가면 상도 타고 그랬습니다."

- 그래서 진실규명 신청을 하신 거 아닙니까?

"신청을 하면서요. 편지지 딱 열 장을 썼습니다. 그래 그 조사 담당자가, 김녕 김씨라 했는데…. 저는 그런 게 있습니다. 옛날에 처칠 수상이 한 말이 안 있습니까. 사람을 알면 먼저 상대방 이름을 물어라. 나는 항상 상대방 이름을 딱 먼저 묻고, 다음에 만나면 그 사람 이름을 딱 무슨 씨 하고 들먹입니다. 그런 사고방식을 가지고 있는데요. 그 담당자하고 이렇게 책상을 놓고 마주앉아 이야기를 녹음을 하게 됐습니다. 그때 성함을 보니까 김씨더라고요. 저 어디 김씨입니까? 하고 물으니 김녕 김씨입니다, 이러는 겁니다. 아 김녕 김씨면 양반인데 우리 고모부가 김녕 김씨입니다, 그랬지요. 사람은 상대방을 올려주면 딱 기분이 좋아집니다, 그러니까 아이고 억수로 고맙다고, 칭찬을 해주니 고맙다고 하더라고요. 그래서 일문일답을 하는데, 내가 쓴 편지지를 착 보더니 그러더라고요. 정말 김순애 씨 참 똑똑합니다, 참 상세하게 잘 썼습니다, 정말로 제가 존경하겠습니다, 이런 말을 하더라고요."

민사소송

- 예. 내용을 아주 조리 있게 잘 쓰신 모양입니다.
"변호사도 저번에 그러더라고요. 일차에서 승소했거든요. 김순애 외몇 명, 이렇게 됐거든요. 그때도 변호사가 칭찬을 하더라고요."

- 그때 신청해서 진실규명 판명이 났지요?
"예. 판명이 나고, 책도 받았지요. 그걸 근거로 민사소송을 했지요. 처음에는 민사 생각도 안 했어요. 우리 회장님이 엄청 똑똑합니다. 처음부터 바로 시작 안 했어요. 울산이 먼저 시작했다 아닙니까. 울산이 기각되고 이렇게 하는데, 우리 회장님은 이쪽도 보고 저쪽도 보고 하면서 신청한 거 아닙니까?"

- 그래서 판결이 나왔네요?
"예. 대법원까지 갔습니다."

- 그래 승소하셨네요?
"예. 일차에 열 명이 했었는데 김순애 외 몇 명, 내 이름을 제일 먼저 부르더라고요. 대법원에서. 그러니까 기각, 기각, 기각 이렇게 되고 하는데, 단체적으로 해놓으니까 상세한 말은 모르겠고. 무조건 승소. 딱 열 명만 부르고 말더라고요."

- 그러면 이제 보상을 해줘야 될 거 아닙니까?

"그게 이차가 끝이 나야 보상을 받든 지 할 건데, 이차를 자꾸 정부에서 까다롭게 굴잖습니까. 나는 그래도 일차에서 승소해서 다행입니다."

- 지금 이기지 못한 분들도 있지요?

"예. 그렇지요. 승소는 열 명밖에 안 됐다 아닙니까."

- 부친 재판 관계 서류도 다 찾으셨지요?

"다 찾았지요. 제출해라 하는 거는 다 제출했어요."

- 부친은 그때 무슨 법 위반이었습니까? 국가보안법이었습니까, 아니면 국방경비법이었습니까?

"국가보안법."

- 국가보안법이면 그 이전이네요. 어떤 분은 국방경비법, 또 해안경비법 위반 이렇게 되어 있더라고요. 부친이 행방불명되고 그 이후로 어디서 돌아가셨다고 들으셨습니까?

"거기 상남 그 근방에 우리 상산 김가 누가 학교 교사를 했어요. 우리 집안에. 친정 할머니가 그러데요. 바다로 끌려갔는데 진해로 끌려갔는지 수정으로 끌려갔는지 그건 모른답니다. 어디로 갔는지 알 수가 있겠습니까. 그래서 저번에 우리가 대마도에 갔다 왔지 않습니까. 거기까지 시신이 떠내려갔다 그래서요. 제주도는 재작년에 갔다 왔고요."

- 세월이 이렇게 많이 흘렀는데도 이 문제가 명확하게 밝혀지지도 않고, 국가에서도 직접 나서서 진상을 밝힌다거나 보상을 한다거나 이

런 것도 없이, 유족들이 소송을 하면 그제야 못 이기는 체 이러는 게 참 문제가 있는 거 같습니다.

"자꾸 외면을 하지 않습니까. 자꾸 사건을 물고 늘어진다 아닙니까. 무슨 증거가 불충분하다 하면서 기각시키고요. 다 착착 해주면 좋겠는데요. 어차피 줘야 될 거 아닙니까. 그런데 저는 정말로 행운이라고 생각합니다. 안 된 사람 얼마나 많습니까."

- 승소하면 보상이 어떻게 나온다고 그러던가요?

"팔, 사. 본인 팔천. 마누라 사천. 자식하고 부모는 팔백. 형제간은 얼만가 확실히 모르겠네요."

- 그럼 본인 팔천은 누구한테 준단 말입니까?

"가족한테. 저 같은 경우에는 이제 저 혼자뿐이지 않습니까. 그런데 저는 할머니, 할아버지 넷, 고모 판결이 어찌 날지 모르겠는데요. 우리 모친이 재혼을 했지 않습니까. 그런데 처음에는 무조건 준다 하던데 지금 애매하거든요. 마음을 비워야지요. 참 돈이 없어서 너무 힘들어 가지고요. 우리 신랑 죽고 나서는 돈이 2만 원 남았는데 이거 가지고 애들 공부시킨다고, 굴 하나 지나면 창원인데, 그 차비가 아까워서 못 가고, 매일 매일 울면서 살아왔습니다."

위령비 세워야지요

- 앞으로 바라시는 건 무엇입니까? 다른 분들은 위령비라도 세웠으면 좋겠다고 그러시던데요.

"위령비 세워야지요. 위령비 세우는 데 일 프로 떼기로 했습니다. 창원 시에서 땅을, 재원을 얼마나 해줄 건가 그게 문제인데요. 우리는 일 프로씩 떼기로 했습니다."

- 위령비도 세우고 또….
"할 거는 다 해야 안 되겠습니까. 우리가 몇 군데 가봤거든요. 순천도 가봤고요. 옛날 김대중 시대에 해놓은 건데, 종합운동장이며 비를 잘 세웠더라고요. 그리고 회장님하고 내하고 대구에 가서 이런 거만 전문으로 하는 분을 만났어요. 그분도 이런 식으로 부친이 사망을 당한 화가라 하대요. 그래서 많은 이야기를 들었습니다."

- 신청할 때 내신 편지지 열 장짜리 그게 지금 있습니까?
"아이 없지요. 제출했으니까 그 사람들이 가지고 갔지요."

- 그걸 보면 그 내용에 오늘 말씀하신 게 자세히 들어있을 텐데요.
"그렇지요. 그래 그 변호사님이, 왜 기각이 됐느냐 한 사람 한 사람에게 보충설명을 하루 종일 했습니다. 그때 변호사가, 김순애 씨가 처음에 신청할 때 내용을 확실하게 알차게 썼으니까 된 거다, 그러니까 그 편지지로 몇 장을 썼더라, 그러니까 김순애 씨 같은 경우에는 물어볼 필요도 없이 다 됐다 아닙니까, 그렇게 말했습니다. 처음에 신청할 때 그 내용을 다 쓰고 이랬으면 이런 불상사가 없었을 건데요."

- 그러면 부친 사진은 없습니까?
"사진이 하나 있었는데요. 우리 고모가 아버지가 신문지국 다닐 때 주민등록증 같은 그런 신분증이 있더랍니다. 거기 요만한 사진이 하나 있는 걸 고모가 갖고 있다가 어떻게 했는지 잊어버렸답니다. 그래서 우리 할머니한테 얼마나 두드려 맞았던지…."

- 언제 잊어버렸단 말입니까?
"우리 고모가 내보다 열 살 많으니까 한 여남은 살 안 됐겠습니까?"

- 아, 어릴 때.
"어릴 때 잊어버렸어요. 딱 하나 있었거든요. 그것도 지국 다닐 때 신분증에 있는 요만한 증명사진 그거 하나밖에 없었답니다. 옛날에 사진이나 그런 것은 우리 할머니가 보기 싫다고 확 다 태워버렸어요. 우리 고모도 어제 그러더라고요. 할머니가 다 보기 싫다고 버리고 했다고요. 그래도 울면서 살아도 살만한 가치가 있습니다. 이런 일이 있을 줄 누가 알았습니까. 제 어릴 때, 우리 고향사람들이 우연찮게 길에서 만나면 다들 제가 우리 딱 아버지랍니다. 니는 너거 어머니 안 빼닮았다 해도, 영판 너거 아버지다…. 모친은 얼굴이 계란형인데 나는 얼굴이 좀 넓다 아닙니까. 그러고 지금은 눈썹이 없지만 옛날에 이래 긴 눈썹이었습니다. 그래서 사람들이, 영판 니가 기태네, 그랬습니다."

- 이제 삼정자동에 가도 아버님을 기억하시는 분들은 없겠네요?
"다 돌아가셨어요. 몇이 없었는데 다 돌아가셨어요. 아버지가 소띠라 했는데, 지금 나이가 제법 안 되겠습니까."

- 예. 오늘 말씀 정말 고맙습니다.

억울하게 돌아가신 영령들을
위로하는 일에 국가가 나서야

■ 증언자: 김원희 (1946년생, 희생자 김현생의 아들)
■ 증언 날짜: 2015. 4. 13.
■ 증언 장소: 경남 창원시 의창구 대산면 가술리 사무실
■ 희생 당시 살던 곳: 경남 창원군 대산면 유등리

항시 밥 떠놓고 기다리던 할머니

- 선생님 반갑습니다. 오래된 옛날 일이지만 기억나시는 대로 이야기
해주시면 좋겠습니다. 부친께서 어떻게 해서 그런 상황이 되었는지,
직접 보신 건 아니지만, 들으신 것 아닙니까?

"그때 우리 어른이 희생되었을 때 나는 다섯 살 정도였어요. 그 이후
에 크면서 국민학교 다니면서 죽 보니까, 우리 할머니는 우리 아버지가
돌아가셨다는 생각을 전혀 안 하시는 겁니다. 내가 중학교 다닐 때까
지도 안 하시더라고요. 그리고 항시 아침 일찍이 밥을 딱 떠놓았어요.
우리 어머니더러 밥을 떠놓으라고 하시는 겁니다. 할머니는 우리 아버
지를, 상아, 상아, 이런 식으로 불렀는데, 나가면 밥 굶는다고 항시 떠
놓으라고 했습니다. 또 아침 해가 뜨면 우리 할머니는…. 우리 집이 딱
동쪽을 보고 있었거든요. 아침마다 세수하고 머리 빗고 동쪽을 보고
절을 했어요. 그래서 아직도 그 장면이 환하이 기억납니다. 내가 중학
교 이삼 학년 때까지도 그리 하시더라고요."

- 혹여나 돌아올까 봐….

"그렇죠. 우리 할머니는 아흔두 살인가에 돌아가셨거든요. 돌아가신지
오래 됐죠. 내 서른 몇 살 때 돌아가셨으니까. 우리 할머니 살아 계신
다면 연세가 허들시리 많습니다. 백삼십 살 넘게 됐을 것 같은데요. 우
리 아버지는 내 다섯 살 때 행방불명 됐고, 할아버지는 외동아들인 아
버지가 그래 되고 나서 얼마 못사시고 화병으로 돌아가셨어요. 할아버
지는 내가 여섯 살 아니면 일곱 살 때 돌아가신 걸로 기억을 합니다.
우리 할머니는 오래 사셨어요. 고모님 한 분 계셨고 어머님하고 그리
살았거든요. 우리 어머님, 내, 할머니, 그렇게 세 사람이 살았어요."

- 어릴 때 사신 곳은 어디입니까?

"우리 대산면 유등리입니다. 본적지입니다. 지금으로 봐서는 의창구에 속하죠."

- 그럼 주로 할머니한테 옛날이야기를 들었겠네요?

"그렇죠."

마산형무소에 수감돼

- 그러면 부친께서 행방불명된 전후 상황을 이야기해 주시지요.

"제가 들은 바에 의하면, 지서에서 우리 어른을 호출했다고 합니다. 서에서 출두를 하라니까, 왜 내가 출두를 해야 되느냐고 그랬답니다. 그러니까 집안에서 가까운 사람들은 가지 마라고 했는데, 내가 무슨 죄가 있느냐 하면서 우리 어른이 자기 발로 걸어가신 겁니다. 잡혀간 것도 아니고 손수 걸어가셨어요. 그런데 그길로 바로 형무소로 이관된 거죠. 그리된 거죠."

- 지서에서 호출받았을 때가 6.25전쟁?

"직후지요. 그리고 최근이지만 내가 육군고등군법회의에 의뢰를 해가지고 재판기록을 받았거든요. 그 기록이 지금 있어요. 그 당시 우리 어른이 조금 활동을 했던 모양이죠. 한마디로 자기들이 볼 때는, 똑똑하다고 하면 뭣하지만 요인물이 됐던 모양이죠."

- 요주의 인물로?

김원희 본인.

"그랬으니까 재판까지 안 갔겠소? 나는 그래 보죠. 여기 좀 보면…. 재
판기록을 두 부를 받아가지고 한 부는 민사재판에 올려보냈고 한 부는
가지고 있거든요."

- 예. 우선 어떻게 해서 요주의 인물로?
"그러니까, 요즘도 그렇지만, 주막에라도 앉아 정부를 비판한다든지 하
는 그런 것을 눈꼴시러버 하는 사람들이 있었겠죠. 그 당시로 봐서는
친일파들이나 동네 유지들인데, 그 사람들이 한마디로 우리 아버지를
지서에 고발을 했겠죠. 그러니까 지서에서 오라고 한 게 아니겠소. 그
래 우리 어른이 지서에 가지고 그길로 행방불명 된 겁니다. 그래 수
소문을 해보니까 마산형무소에 가 계시는 겁니다. 그래 우리 할머니가
거기 형무소 근처에 거서 먹고 자고 하면서 아들 하나 만날 거라고 고
생을 많이 했어요. 그때 우리 고모님도 시집을 갔는데, 시가는 뒷전이
고, 친정 오빠 하나뿐이니까, 옆에 많이 살았다고 해요. 그래 할머니는

거기 가서 있고 농사는 뒷전이고…. 그래 된 겁니다. 그러다가 어느 날 가보니까 행방불명 된 거죠. 우리 할머니는 몇 번 보기는 봤다고 하더라고요."

- 아, 형무소에 있을 때 면회를 했네요?
"예. 그 밥집 할머니가…. 그때는 안에 구내식당이 없고 바깥에서 밥을 해서 안으로 넣어줬다고 합니다. 우리 할머니는 밥해 주는 그 집의 할머니와 의동생을 맺고 거기서 먹고 자고 했다고 합니다. 그래 그 집으로 쌀 가져가서 밥을 해서 먹고 자고 거기 있었다고 합니다. 그때는 구내식당이 없었던 모양인지 바깥에서 밥을 해서 넣어 주고…. 지금 천주교 자리 거기 아닙니까?"

동면 면장 습격사건

- 그리고 그 이전에 동면 면민들이 당시 면장을 습격한 그런 사건이 있었다는데 거기에 대해서도 얘기 좀 해 주시지요. 그때가 대략 언제쯤이라고 들으셨습니까?
"예. 일제 말기이고 해방되기 전이라니까 1940년 정도 되겠네요."

- 그럼 그 사건이 어떻게 일어난 겁니까?
"전해오는 얘기로, 당시에 동면 면장이 엄 면장이었는데 일제 편에서 좀 악질적으로 하니까 면민들이 들고 일어났답니다. 그래 모인 군중들이 면장이 사는 관사로 쳐들어갔는데…. 옛날에는 왜 집에 마루가 있고 밑에 광이 있었지 않습니까? 그래 파 보니까 설탕하고 고무신을 꽉 묻어 놓았더라 하대요. 안 나눠주고 말입니다."

- 아, 마루 밑 광에다?
"그러니까 면장이 부정을 하니까, 부정축재를 하니까, 들고 일어난 거
죠. 고무신 열 켤레 주면 다섯 켤레는 나눠주고 다섯 켤레는 자기가 하
고 그랬겠죠. 그러니까 들고 일어난 거죠. 그런데 전해오는 이야기가,
설이 두 가지입니다. 장날에 면장이 면민들을 모아놓고 연설을 하는데,
군중들이, 저놈 잡아 죽여라, 때려죽여라 하면서 끄집어 내려서 죽였다
고 하는 얘기도 있어요. 민란이 일어난 거죠. 군중심리에서 그랬겠죠.
어떻든 군중심리에 의해서 그런 사건이 터진 것은 맞는 것 같아요. 그
날은 장날이 맞겠네요. 덕산장 쯤 되겠네요. 장날이라야 사람들이 모
이죠. 그래 우리 어른이 다니면서 모이라고 통지를 했다고 합니다. 그
러니까 어른들이 심부름을 시킨 거겠죠. 그리고는 군중이 다 흩어졌
을 거 아닙니까? 다 헤어져 각자 집으로 돌아갔으니까 순사들이 집집
마다 다니면서 다 잡아간 거죠. 그때 거기 개입한 어른들 중에 우리
어른이 제일 나이가 어렸어요. 그 당시 우리 어른은 뭐 십칠팔 세고 위
에 사람들은 삼십 대 전후였는데 다 돌아가셨죠. 그때 우리 어른은 어
리니까 소년형무소 갔다고 합니다. 그 당시에 형무소 안에 소년형무소
가 있는지 모르지만 일단은 분리가 되어 있었겠죠. 그래서 우리 어른
은 그 당시 고문을 안 받고 살아나왔지 싶어요. 다른 어른들은 고문을
많이 받아서 거기서 돌아가신 분도 있었고 옥고를 치룬 분도 있어요.
일본 관리를 그렇게 했으니까…. 자기들이 볼 때는 역적 아닙니까?"

- 예 자세히는 알 수 없지만 당시 지역사회를 뒤흔든 큰 사건이었겠
네요. 앞으로 여기에 대해서도 연구가 있어야겠다는 생각이 드네요.

보도연맹, 마산형무소

- 해방이 되고 난 뒤 오 년 만에 전쟁이 터졌지 않습니까? 그 당시에 부친께서도 보도연맹 가입자였습니까?

"보도연맹에 가입을 했어요. 우리 어른도 보도연맹 사건이거든요."

- 그럼 마산형무소로 넘어갔다가 형무소에서 행방불명 된 거네요? 그럼 지서에서 호출해서 가셨을 때에는 언제쯤이라고 들었습니까?

"그때는 6.25사변 직후입니다. 기록에 보면 우리 어른이 사형 날짜를 보면 8월 18일인가 되어 있거든요. 그러니까 잡혀간 거는 7월 말쯤이나 되겠죠. 6.25사변 이후에 그분들이 전부 희생되었지 않습니까? 무슨 말인고 하면, 북한에서 처내려오니까 혹시 보도연맹 사람들이, 우리 국군이 볼 때 동조할 거 아니냐, 그렇게 본 거 아닙니까?."

- 그럼 부친께서 행방불명되었을 때는 유등리에 살고 계셨네요?

"예. 유등리."

- 그럼 그 동네에서는 부친처럼 행방불명 된 분들이 있습니까?

"예. 있습니다. 신종보 씨라고 그분 아버지가 있었는데, 그 양반은 지금 미국으로 이민 갔습니다. 그리고 우리 대산면 하고 동읍은 조사를 다해 놨어요. 그거를 노무현 시절에 조사를 했어요. 여기 보시면 알겠지만 제가 노 대통령하고 동기 됩니다."

- 예. 그렇군요. 어디 동기입니까?

"진영중학교 동기이죠. 그 당시 초동조사를 할 때 제가 참여했습니다.

그런데 그때만 해도 다들 쉬쉬하는 겁니다. 내 아들들이나 형제간들이 국가공무원 하고 있는데 뭐 좌익으로 몰릴까 싶어가지고 쉬쉬 빠지는 겁니다. 그 당시 희생된 사람이 여기서 만도 50명도 넘는데 조사한 사람은 내가 한 게 다섯도 안돼요. 자기 삼촌이 그렇게 됐는데도 안 나서는 겁니다. 그리고 자기 신랑이 희생된 젊은 새댁들은 재혼해 가버렸고, 다른 가족들도 뿔뿔이 헤어져 가버리고 없고…. 자기 형제나 누가 있는데도, 이야기를 안 하는 거라요. 내가 다니면서 이 조사를 했는데 협조를 안 하더라니까요. 지금은 달라졌는데 그때만 해도 협조를 안 하더라고요. 그래서 노무현 때 과거사정리위원회에서 조사할 때, 긴가민가 될 건가 안 될 건가 하는 그런 분위기였어요."

- 그때 한 오십여 명 된다고 하는 것은 이 대산면 관내만 말입니까?
"대산면 관내도 있고 여기 동읍에도 있거든요. 그런데 당시에 잡혀갔다가 살아온 사람도 있어요. 신현수 씨라는 분인데…."

- 그분은 어디 분이신데요?
"내나 우리 동네인데 우리 어른 친구분입니다. 그런데 그분이, 풍토병 디스토마에 걸려 가지고, 얼굴이 누렇게 떠서 다 죽게 되었다고 합디다. 그러니까 경찰서에서는 밖으로 아내 버린 겁니다."

- 디스토마요?
"들어보니까 폐병은 아닌 것 같고 디스토마 같아요. 그러니까 경찰에서는 거기 나둬도 죽을 놈이고 가도 죽을 놈이고 하니까 내보내 버린 겁니다. 그래 와서 살았어요. 그 사람 돌아간 지가 십 년 정도밖에 안돼요. 그 양반도 똑똑했거든요."

- 그분은 아픈 바람에 역으로 살았네요? 그럼 그분이 형무소 안에서 상황을 다 목격하고 그 얘기를 많이 하셨겠네요?

"그래 동네에 올 때는 영 다 죽어서 왔더라고 하대요. 그래 살살 깨어나 가지고 수십 년 더 살다가 죽었어요."

괭이바다에서 희생

- 부친이 형무소 가 계시고 할머니께서 뒷바라지하시는 중인데, 어느 날 사람이 없었을 것 아닙니까?

"추정은 괭이바다에서 희생됐다고 하고 있어요. 당시 백 명이 죽었으면 사형선고를 받은 사람은 열 명 스무 명뿐일 겁니다. 그런 사람들은 LST에 태워져가지고 저 괭이바다에서 희생된 걸로 추정을 합니다.

- 그럼 부친께서 돌아가셨을 것이라고 추정하는 날은 언제입니까?

"사형 날짜를 보면 여기 서류에 8월 18일인가 되어 있더라고요. 그 날이 사형언도 날인 게 아닌지 모르겠어요."

- 그리고 난 뒤에도 할머니께서는 부친이 혹여나 살아오실까봐….

"그렇죠. 밥 떠놓은 거는 확실히 기억합니다. 십 년도 더 밥을 떠놓았어요. 놋그릇에다 밥을 떠놓고…. 며느리보고 밥 떠놔라 그러셨죠."

- 그 이후에 가족들이 살아가기에 굉장히 어려웠겠습니다.

"어려워도 뭐 우리는 그래도 논이 좀 있었으니까…. 그래도 뭐 어렵게 산 사람은 어려웠다 아닙니까? 우리는 어렵게 살아도 일꾼 하나 데리고…. 그 당시 저도 농사짓고 했으니까요."

- 그럼 어머니께서는?
"어머니는 2002년도에 돌아가셨어요. 노 대통령 선거 할 때 돌아가셨
는데 저는 노 대통령 선거 한다고 돌아다녔고…."

- 돌아가실 때 연세는 어떻게 됐습니까?
"어머니가 살아계시면 구십일 세니까…. 우리 어른하고 같은 을축생이
거든요. 다 같은 소띠인데 옛날에 소띠는 큰띠 하고 결혼해야 된다고
해서…. 어머니 돌아가신 지도 벌써 십사 년째네요. 지금도 훤하게 떠
오릅니다. 우리 어머니하고 도리깨로 보리 타작 해가지고 보리 그넘 이
고 오고…. 우리 어머니 고생하셨죠."

- 그 이후로도 계속 유등리에 사셨습니까?
"살다가 이십 한 사오 년 전에 진영으로 나갔어요."

명예회복을 위한 소송

- 그럼 지금 소송 관계는 어떻게 되어 있습니까?
"소송은 일차에 우리가 패소를 했어요. 서류심사 아닙니까? 나는 진실
화해위원회에서 나온 결정문이 있으니까 별로 신경 안 썼어요. 그래서
이번에 할 때는 내가 동네 사람들 진술서를 받아서 냈습니다. 동네가
크니까 여자 한 사람, 남자 한사람, 그리고 우리 고모님 하고 이렇게 진
술서를 받아 가지고 변호사 쪽으로 넣었는데…. 이차에도 서류심사거

든요. 그리고 또 군법회의 서류 이거를 첨부했어요. 그런데 이걸 떼 주는 걸 꺼려하더라고요. 까칠하더라고요. 그래도 안 해주면 안 되죠. 그래 일단 민사로 하고 나는 형사도 해 놨어요. 죄는 벗어야 한다고 부산지방법원에 해 놨어요. 개인적으로 변호사 만나 신청 해놨어요."

- 그러니까 민사 형사 두 개가 진행되고 있는 거네요?
"민사는 서울에 공동적으로 했고, 형사건은 개인적으로 명예회복 하려고 해 놨어요. 부산고등법원에 가서 변호사 선임해서…. 그것도 돈 들더라고요. 자식이 해야 할 의무인데 돈 들더라도 해야지 생각합니다. 그런데 참 억울한 일입니다. 아무리 생각해 봐도…."

- 그 얘기를 좀 해주시지요. 전쟁이 난 뒤에 공권력에 의해 돌아가신 날도 모르고 어디서 돌아가신 지도 모르고. 그 죽음에 대해 개인이 소송을 해야 하는 상황인데 바라시는 게 있으면 말씀해 주십시오.
"우리 대한민국에서 6.25사변으로 인해서 많은 사람들이 희생되었습니다. 공권력이 부정한 방법으로 우리 국민들을 억울하게 희생시켰으니까 이걸 국가가 나서서 밝혀주어야 되고 그렇게 과거사 정리를 해야 합니다. 국가가 인정을 하고 희생자들과 유족들한테 정말 그동안 고초에 대해 사과를 분명히 해야 합니다."

연좌제

- 그리고 그 뒤에 소위 연좌제 때문에 많은 유족들과 후손들이 불이익과 고통을 당하지 않았습니까?

"사실 우리가 그 말을 못했거든요. 그 당시 당한 사람들의 유족들은⋯. 우리가 그동안 옳은 취직이 안됐어요. 내가 학교를 졸업하고 선원수첩을 참 빨리 냈거든요. 그런데 무슨⋯. 거기에 걸리는 겁니다."

- 신원조회?

"신원조회에 걸리는 겁니다. 우리 아들이 하나인데 경찰에 시험을 쳤어요. 일차 합격을 했는데 면접에서 떨어졌거든요. 본적지에는 이상이 없었는데 여기 현주소에 조회를 하니까 할아버지 게 남아있었던 거예요. 그래서 내가 경찰에 전화를 했어요. 연좌제가 없어진 지가 언젠데 이런 걸 지금 조회를 하느냐고 하니까, 거기서 하는 말이 일반 공무원들은 관계가 없는데 경찰 공무원이나 안보를 담당하는 공무원들은 그걸 따져야 됩니다, 이럽디다. 그래 우리 애가 경찰이 안 됐어요. 그 뒤에 시험을 쳐서 삼성에 들어갔어요. 삼성에도 오 년 있다 나왔다 말입니다. 그리 좋은 머리인데 떨어질 이유가 없지 않습니까?"

- 없어진 줄 알았는데 연좌제가 남아 있었네요.

"그렇죠. 연좌제로 묶인 거죠. 그걸 내가 모를 건데, 본적지 동네에서 이장하던 사람이 한 집안이거든요. 경찰에서 조사를 왔더라고 그래요. 그러니까 이장이 바른 말을 해줘야 할 거 아닙니까? 그게 벌써 십오 년 전인데 지금은 안 그렇겠죠. 그런데 지금도 안보나 치안을 담당하는 공무원들은 제재를 받을 겁니다. 당시 팔십 명 뽑는데 백 명을 합격시켜서 면접에서 스무 명을 떨어뜨렸다고 합니다. 우리 애는 그걸 몰라요. 얘기 해 줄 필요도 없고⋯. 할아버지 얘기를 괜히 뭐⋯. 왜 떨어졌는지 본인은 잘 모를 겁니다. 지금도 얘기 안 하거든요. 내가 선원수첩 낼 때 소양교육에서 걸리더라니까요. 해외에 나가거나 선원 송출 하려면 반공교육을 받지 않습니까? 거기에 내가 걸리더라니까요."

- 그래도 발급은 받으셨네요?
"받았죠. 오십 년 전 이야기인데, 상선 탄다고 조양상선 쪽에 냈지요."

- 그럼 그 뒤에 배를 타셨네요?
"조양상선 선원수첩을 받았는데 그게 딱 걸리더라니까요. 그래 배를
못 탔죠. 그래 못 탄 이유가 또 있어요. 배 타러 간다고 하니까 우리
어머니가 막 반대하고 밤새도록 우시는 겁니다. 허허. 영감도 그래 잃
었는데 아 하나 있는 거 또 간다고…. 그래 내가 안 갔습니다. 그 당시
조양상선이 컸거든요. 조양상선이 천일여객 밀성여객하고 같은 계열 아
닙니까. 그래 그때 내 친구 하나는 배 타고 나는 못 타고 그리됐지요."

억울하게 돌아가신 영령들 위로해야

- 어릴 때 부친이 그리되셨기 때문에 얼굴도 기억이 안 나시겠네요?
"아버지는 사진만 기억나죠. 갓 쓰고 계신 할아버지는 기억나는데…."

- 그럼 부친 사진이 남아 있습니까?
"지금 집에 있을지 모르겠네요. 많이 있었는데 이사 가면서 내가 불 질
러 다 태워버린 것 같습니다. 우리 어른이 인물도 좋아요. 굉장히."

- 그래도 혹시 남아있는지 챙겨봐 주시겠습니까?
"예. 촌에 우리 외갓집에 가면 있을런가?"

- 그리고 지금 유족회에도 참여하고 계신데, 유족 입장에서 앞으로 어떻게 되었으면 하는 게 있을 것 같은데 말씀 좀 해 주시지요.

"그게 말입니다. 후손들이 자기 부친이나 위에 희생된 형제분들 한번 마음에 새기기 위해 위령탑이 건립되면, 우리 유족들이 모여서 한 번씩 얼굴도 보고 위로도 하고 그 쳐다보면 마음의 위로가 안 되겠나 싶거든요. 그래서 지방재정이 어렵더라도 공원 같은 데나 그런 터가 있으면, 시의 지원도 좀 받고 우리도 사비 좀 내고 그렇게 건립을 했으면 좋겠다는 취지입니다. 국가가 다 부담할 것도 아니고, 우리가 좀 부담을 하고요. 우리도 억울하게 희생당한 손자고 아들들인데, 위령탑이라도 건립해 가지고 유족들이 한 번씩 모여가지고 억울하게 돌아가신 영령들을 위로하고 그랬으면 좋지요. 그게 자식들이 할 도리 아닙니까?"

- 예. 맞습니다. 조금 전에 말씀하신 것 중에서 다른 지역의 경우에 위령탑이 건립되어 있는데 어디를 다녀오셨습니까?

"산청은 내가 두 번이나 가봤고요. 거기는 국가가 인정을 해서 크게…. 내가 볼 때는 백억도 더 들어간 것 같더라고요. 우리는 그래 크게 할 필요는 없어도 그래도 혼을 모시는 게 좋고…. 여수도, 여수반란사건 아닙니까, 거기도 국가가 인정해서 해놨거든요. 공원까지 해놓은 걸 보고 왔어요. 그렇게 하면 좋죠. 우리는 그 정도까지는 안 바랍니다. 어디 공원이나 이런 데에 세워서 한 번씩 모여가지고 추모도 하고 거기서 위령제도 지내고 하면 좋겠어요. 그게 후손들이 할 일이지, 자식들이 없으면 모르지만 자식들이 살아있는데 그 정도는 해야 안 되겠나, 그리 생각합니다."

- 예 말씀 감사합니다.

야이 시아시 놈들아,
내 소자 데리고 온나

■ 증언자: 문강자 (1942년생, 희생자 문일상의 딸)
■ 증언 날짜: 2015. 4. 21.
■ 증언 장소: 경남 김해시 삼방동 자택
■ 희생 당시 살던 곳: 경남 창원군 대산면 갈전리

문씨 마을의 소문난 효자

- 안녕하십니까? 그 당시에 부친이 희생당하셨다고 들었습니다. 그때 당시에는 어디에 사셨습니까?

"당시는 창원시가 아니고 창원군이지요. 창원군 대산면 갈전리. 갈전리 1036번지인데 문가들의 집성촌입니다. 타성도 몇이 있지만, 백여 가구가 되는데 거기서 유독 문가들만 다섯 사람이 그렇게 됐어요. 우리는 어리니까 보도연맹에 가입을 했는지 안 했는지도 모르는데, 억지로 그분들을 명단에 올리도록 시켰는지…. 청년단이 있었습니다. 그때는 청년단이라 하면 무서웠거든요. 경찰보다 더 무서웠어요. 청년단이…."

- 갈전리가 마을이 컸습니까?

"예. 백여 가구 되었어요. 그 갈전리 안에서도 신전이라는 부락인데."

- 신전부락. 그 신전부락이 백여 가구가 됐다는 말이네요?

"맞습니다. 동네가 아주 컸습니다."

- 그러면 그 마을에 문씨들이 많이 살았다고요? 어디 문씨입니까?

"문가들은 본이 하나라, 일본입니다. 남평 문가입니다. 타성들이 몇 집이 있었어요. 지금 생각해보면 그 사람들이 집성촌에 들어와 살면서 요샛말로 하자면 왕따를 많이 당했던가 봐요. 그렇게 따돌리고 하니까 그 사람들이 문씨들을 청년단에다가 밀고를 해서 보도연맹에 가입했을 겁니다. 내 추측이 그렇습니다."

- 그러니까 문씨들의 집성촌이었는데….

"지금은 어느 정도 줄어서 반반 정도 되는 것 같습니다. 많이 외지로 나가고 그랬는데."

- 지금 말씀해 주시는 거는 들어서 하시는 거죠? 당시 몇 살 때였습니까?
"내가 그때 국민학교 3학년인데, 아홉 살이었어요."

- 그러면 조금은 기억나시겠네요.
"그러니까 농사철이었습니다. 우리 집은 삼간 집이라 마루가 이렇게 있으면 아버지가 작은방에 누워계셨고, 할머니는 큰방에 계시고…."

- 그때 가족은 어떻게 됐습니까?
"할머니, 아버지, 엄마, 내 위에 오빠 하나, 내가 중간이고 내 동생이 있었고 그랬지요."

- 삼 남매였군요. 그러면 부친께서는 원래 그 동네 출신이었습니까?
"그렇습니다. 그 당시에 동네에 다른 사람들은 보니까 장사도 하고 뭐 이렇게 외지에 나가고 하는데, 우리 아버지는 너무 효자라서 그렇게 하지도 못했어요. 우리 할머니가 스물세 살에 혼자 되셨어요."

- 할머니께서요.
"그러니까 엄마 떠나서는 못사니까, 엄마를 모시기 위해서 고향에서 농사를 짓고 사신 거 같아요. 우리 할머니는 아들 이름을 소자라 하는 거라. 우리 어릴 때는 그 소자가 무언지 몰랐는데, 알고 보니 그게 효자라, 효자."

문강자 본인.

- 소자.

"내 소자. 뭐 어쩌면 내 소자. 남들이 이 집 아들 뭐 어쩌면 하고, 말할 때도 내 소자가, 늘 내 소자, 소자 그렇게 하셨지요."

- 그러니까 할머니나 아버님께서는 그 동네에 대대로 사신 집안이다, 그런 말씀이네요? 외지에서 들어온 분이 아니고.

"그렇지요."

- 그럼 부친께서 행방불명 됐을 때는 몇 살이었습니까?

"아버지가 서른세 살이고 엄마는 서른두 살이었어요."

- 그때 농사짓고 계셨는데 농사는 크게 지었습니까?

"그리 많지는 않았습니다. 우리 먹고 지낼 만큼은 지었죠. 소도 키우고. 소 풀 베는 조만한 애가 하나 있었는데, 우리가 조금 커서 소 풀

베고 먹일 수 있을 정도가 되니까 그 애는 안 데렸죠. 일꾼 필요하면 이웃에 사가지고 농사를 짓고 이렇게 살았습니다. 아버지는 효자라서, 우리 할머니는 손을 물에 안 넣고 그렇게 사셨어요. 그만큼 효자 노릇을 했습니다. 그러니까 며느리인 우리 엄마도 잘했어요."

청년단에 끌려가신 아버지

- 예. 그때 집안 사정이 그랬군요. 아홉 살 때, 그때 상황을 기억나는 대로 얘기해 주시지요. 말씀하신 대로, 그 작은방에 아버님께서 누워 계셨고, 마루 건너 큰방에는 할머니가 계셨다고 그랬지요?
"예. 그런데 대문 밖에서 이렇게 팔을 욱신욱신하면서 사람들이 오는데 청년단들인 모양이라. 아마 그 사람들이 주고, 순경인지 군인인지는 하난가 둘밖에 안 됐는데."

- 예.
"그래 이 사람들이 와가지고 부르니까 아버지가 방에서 나왔어요. 엄마하고 할머니는 아마 점심을 먹고 조금 쉬는 시간이었던가 해서 가족들이 다 집에 있었어요. 오빠는 놀러가고 없었는가? 아무튼 이렇게 쉬고들 있는데 사람들이 몰려와서 아버지를 불러내 가니까, 엄마가 놀래서 마당으로 뛰어내려와 왜 그러나? 했지요. 하니까, 조금 어디 갔다가 올 거다 하더니, 아버지더러, 가자 이러면서 데리고 가더라고요. 그렇게 데리고 가는데 그 사람들이…. 내 기억에는 그때 사람이 많았어요. 청년단들인 모양인데, 낯선 사람들이 다 사복을 입고 있었어요. 그렇게 갔는데…. 우리만 그리 간 게 아니고 나중에 보니까 우리 동네에서 문가 다섯 사람이…"

- 그때 끌려간 사람들이.
"그렇지요."

- 그러면 그 다섯 분이 어떤 사람들이었습니까?
"아버지하고 다섯 명인데, 서생이 저거 아버지하고, 영이 아버지하고, 이웃에 우리 오촌 두 사람하고 그렇게 다섯 명입니다. 그 오촌들은 어렸거든요. 그중 한 분은 대산국민학교 선생을 했는가 봐요. 그러고 막내 오촌은 아직 어렸어요. 이 중에서 나이가 제일 어렸는데 당시 스물한 살인가 두 살인가 그랬을 겁니다. 해병대 영장을 받고 내일이면 군대를 가게 된 그런 상황인데… 우리 동네에 세 사람이 영장을 받았는데 아마 일찍은 저녁이었을 겁니다. 낮에 사람들이 우리 아버지를 데리고 가고 나서였지요. 그 아재는 친구들하고 송별회 한다고 술 한잔 하고 있었는데, 누가 와서 데리고 갔어요. 영장 받은 세 사람이 문가도 한 사람 있고, 한 사람은 문가는 아니라도 김씨지만 외손이었어요. 그래 누가 와서 데리고 갔다고 하는데 청년단들이 데리고 갔던 모양입니다. 그길로 안 왔습니다."

우익 청년단의 악행

- 부친께서 가시고 난 뒤에는 소식을 알아보고 했을 거 아닙니까?
"그러니까 소식을 수소문하고 있는데, 엄마한테 청년단인가 누군가가, 부산에 어디 교도소에 있는데 돈을 좀 주면 빼주겠다고 했답니다."

- 청년단 사람이?

"잘 모르겠는데, 지금 생각하면 청년단인 거 같아요. 청년단 아니면 그 사정을 모를 거 아닙니까? 그래서 부산 어디에 있는데, 만나려면 돈이 좀 필요하니까 돈을 달라고 했답니다. 논 한 구역을, 그게 여섯 마지기 넘어댈 거예요. 그 논을 바쁘게 팔아서 돈을 줬어요. 그리고 얼마 있다가 또 와서는 한 번 더 만나야 된다고 돈을 또 달라고 했답니다. 남은 논이 얼마 안 되니까 그걸 쪼개 팔면 이제 농사가 작아서 안 되는 겁니다. 그런데 마침 고모부가 이런 어지러운 이야기를 듣고 왔다고 해요. 할머니가 그 이야기를 했어요. 이렇게 저렇게 돼서 부산 어디 있다 하더라, 논을 팔아주고 했는데, 돈이 조금 모자란다고 하니까, 고모부가 선뜻 농사짓던 큰 황소를 내 팔아가지고 돈을 만들어 주겠습니다, 그랬다는 거예요. 오 일마다 장이 서니까 거기 가서 소를 팔아가지고 돈을 또 해줬다고 합니다. 그랬는데도 역시 아버지는 안 나오시고…."

- 그러면 부산교도소. 옛날에는 형무소라고 했지요. 거기 계신다고 해서 논 여섯 마지기를 팔았다는 거네요. 그리고 황소 한 마리 판 돈을 다 주었다는 거지요?

"예. 그랬습니다."

- 돈을 갔다준 데가 청년단인지 아니면 경찰인지는….

"누군지는 모르는데, 내가 이제 생각해보니 청년단인 거 같아요. 그때는 우리가 어리니까 말을 안 하고 돈을…."

- 여섯 마지기면 큰돈이잖아요?

"큰돈이지요."

- 그래서 그 돈을 주고 나서 면회는
하셨네요?
"못했지요."

- 돈만 주고 면회도 못 하셨군요.
"못했지요. 면회가 뭡니까. 이제 알
고 보니까, 오늘 간 사람들이 내일
김해 생림에 나박고개로 끌려가서
다 처형을 당했는데, 사람이 안 살아
있는데, 무슨 면회입니까? 거짓말인
거라요. 그게."

아버지 문일상.

- 그러니까 황소까지 팔아서 돈을 줬는데도 면회는 커녕 이미 학살당
한 뒤였네요?
"그렇지요."

- 돈만 주고 면회도 못하시고…. 서북청년단이니 하는 우익 청년단들
이 악질적인 폭력집단이었잖습니까? 그 뒤에는 어떻게 됐습니까?
"당시에 할머니는 아버지 들어오시라고 대문을, 시골이니까 사립문이
죠. 사립문을 안 잠그고 살짝 붙여만 놨어요. 여름에 더우니까 활짝
열어놓고 모기장만 살짝 치고 잠을 자는 거예요. 불은 껐지만 할머니
는 거의 주무시지를 못하더라고요. 그런데 한날은 자고 있는데, 웬 구
둣발이 내 머리를 탁, 하고 차고 아프니까 내가 잠을 깼어요. 내가 일
어나고 할머니가 누고? 하면서 소리를 지르니까 밖으로 나가더라고요.
가만 생각해보니까 오빠나 엄마나, 젊은 사람을 찾는 거 같았어요. 그

래서 할머니하고 엄마가 의논을 했어요. 오빠를 외가에다 맡기자고. 외가가 좀 산골인데 피신을 시키더라고요. 오빠는 그래서 외가에서 컸어요."

- 그때 오빠는 몇 살이었습니까?
"열두 살인데 오 학년이었어요."

- 아직 소년이었네요. 밤중에 구둣발로 남의 집 안방에 들어와 뒤지고…. 부친이 끌려가신 이후로 가족들이 아무도 면회를 못 했네요?
"못했지요."

- 그때가 언제였습니까? 전쟁 터지고 난 뒤였지요?
"그날이 음력으로 유월 스무닷새라고 하더라고요."

- 전쟁 나고 한 달쯤 지났을 때네요.
"그렇죠. 음력이니까 한 달도 채 안 됐을 거예요."

1941년 고향집 마루에 앉은 어머니와 오빠.

돌도 닳을 정도로 고생한 엄마

- 그리고 어떻게 됐습니까?
"할머니가 항상 밥을 이렇게 담아서

아랫목에다 이불로 덮어놓고 그랬습니다. 언제라도 아버지가 오면 배고프기 전에 밥 먹인다고요. 십 년을 그렇게 하시더라고요. 4.19가 일어날 때까지요. 할머니가 밥을 담아서 아랫목에다가 두고, 할머니는 밥을 안 잡숫는 겁니다. 내 아들 밥그릇이 여기 있는데 내가 혼자 못 먹는다면서요. 할머니가 굶더라고요. 여름에 덥기는 하고 사람이 며칠만 굶으면 지쳐서 안 쓰러집니까. 옛날에는 큰 무쇠솥에 밥을 해먹었잖아요? 쌀은 귀하니까 거기다가 보리밥을 해요. 엄마가 그걸로 누룽지 숭능을 만들어서 숟가락으로 할머니 입에 떠 넣더라고요. 엄마가 꿇어앉아서는 제발 밥 좀 삼켜보라고, 굶어 죽을 거 같으니까 제발 밥 좀 먹으라고, 엄마가 빌더라고요. 그 이후부터 할머니는 대문 밖으로 안 나갔습니다. 집안에만 계시고요. 엄마가 그때 새댁 아닙니까? 서른두 살이면."

- 그렇지요.

"엄마가 농사를 지어서 우리가 밥 먹고 살았어요. 살림을 도맡아 했지요. 그렇다고 여자인 엄마가 남자 하던 일을 하지는 못하니까 남의 집에 품앗이를 하는 겁니다. 품앗이 이틀을 해줘야 소를 하루 쓸 수가 있어요. 그 품앗이를 하는 거예요. 또 소 부리는 일꾼도 하루 품앗이를 해줘야 되고요. 엄마가 품앗이를 해서 논을 갈고 모를 심더라고요. 논매는 일이 얼마나 힘듭니까. 엄마가 하루 종일 논에 가서 살았어요. 일꾼 댈 처지도 아니지만, 속에 불이 나니까 집에 가만 못 있어서 그랬겠지요. 만날 논에 가서 살고 때 되면 집에 와서 밥 해주고 그랬어요. 어릴 때 우리는 보리밥을 먹든지 어쨌든지 밥은 안 굶었어요."

- 모친께서 엄청나게 힘들었네요.

"그래 가을에 추수를 하면 그 자리에서 다 베어 가더라고요. 그게 뭐냐면, 엄마가 우리 밥 안 굶기려고 곱장리를 얻은 겁니다. 올해 한 가마니를 빌리면 내년에 두 가마니를 줘야 되는 거예요. 그러니까 빌린 한 가마니에다 이자로 한 가마니를 더 붙여서 두 배로, 곱으로 갚아야 하는 게 곱장리입니다. 그거를 추수하는 마당에 그 사람들이 와서 떼 가니까 남은 것이 얼마 없더라고요. 그렇게 우리가 먹고 살았어요. 엄마가 정말로 돌도 닳을 정도로 고생을 했어요."

할머니의 평생소원, 모자 상봉

"할머니는 혼자서 또 마음고생을 너무나 심하게 하셨어요. 할머니가 얼마나 분하던지, 야이노무 시아시 놈들아, 내 소자 데리고 온나…. 내 소자 데려다 내 앞에 놔라, 내 소자 데려다 놔라…. 그러셨어요. 그때는 그게 뭔지도 몰랐어요. 시아시 놈들이라 하는 것이. 그래 알고 보니까 씨아이씨(CIC)란 말이더라고요. 우리 할머니가 평생을 그렇게 사셨는데 얼마나 이를 갈고 그랬는지 이가 하나도 없이 다 빠지더라고요. 그 뒤로 평생 이도 없이 사셨어요. 그러니 엄마가 이 없는 어른을 모시는데, 식사에 얼마나 신경을 써서 해드렸겠습니까. 우리가 꽤 컸을 땐데, 동네에서 면장한테 효부상을 줘야 한다고 건의를 할 정도였어요. 그런데 집안에서 안 된다 하는 거라요. 효부상을 받으면 절대 안 된다 하는 겁니다. 그거는 받는 게 아니라는 겁니다. 만약에 살다가 무슨 잘못이 있으면 안 받은 것보다 더 크게 흉이 되니까, 받으면 안 된다고 그래서 효부상을 못 받았어요. 우리 엄마가 할머니한테 한 거는 아무나 할 수 없는 일입니다. 그걸 어머니가 했어요. 아무나 할 수 없는 일을요."

- 그 씨아이씨가 당시에 학살을 저지른 특무대 아닙니까?
"우리 할머니는 항상 아침에 눈을 뜨면 천수경을 칩니다. 내 소자 만나
게 해달라고, 모자 상봉 해달라고, 그렇게 비는 겁니다. 또 잘 때 되면
모자 상봉 하게 해달라고 소원을 말하는 거라요. 그래서 불경을, 절에
가면 스님이 하는 줄 알았지 할머니가 하는 줄 몰랐어요. 할머니에게
동서뻘 되는 사람이 한 번씩 와서는, 천수경 읽는 거 들으면서, 아이구
형님, 형님은 대단하십니다, 우리는 형님보다 젊어도 이렇게 못 하는데
정말 대단하십니다, 그러더라고요. 그렇게 하니까 또 이웃에 사는 할머
니들이 와서 우리 할머니 사람 구경 시켜주고 그랬지요. 할머니 발로
대문 밖을 나가서 사람 만나고 하지를 않았어요."

- 그 이후로 이사 안 가고 동네에 계속 사셨습니까?
"예. 아버지 오실 거라고 항상 대문을 안 잠그고 사립문을 살짝 붙여
만 놓고 그랬어요. 뭐 도둑이 와서 가져갈 것도 없겠지만…. 평생을 그
렇게 살았어요. 내가 우리 할머니 사신 거를 생각하면 정말 가슴이 아
파요. 그런데 이 세상은 안 그렇더라고요."

- 예. 그러면 할머니께서는 언제 돌아가셨습니까?
"87년도에 가셨는데 오래 사신 편이지요. 그렇게 안 드시고 이가 없이
그래도, 아들 오면 만나고 죽는다고 내 아들 보고 죽는다고 하시더니."

- 그럼 돌아가실 때 연세가?
"그때가 여든아홉이었어요. 엄마는 그 뒷바라지 하다가 할머니 돌아가

시고 삼 년 더 살았어요. 엄마가 일흔 둘 되던 해에 돌아가셨거든요. 우리는 할머니 돌아가시고 나서 엄마가 조금 오래 사시면서 어디 여행 가서 구경도 좀 하고 그렇게 사실 줄 알았는데…. 할머니 돌아가시고 나니 이내 돌아가시데요. 하늘이 무너지는 것 같더라고요. 우리 할머니, 엄마는 구경 한번 안 하고 사셨어요. 평생 바깥나들이라고는 모르고 살았지요. 마음이 항상 무겁고, 사람 보는 거를 못한다, 하늘을 못 본다 하는 거라요. 할머니가 그래요. 하늘을 내가 어째 봐….”

- 그날 부친이 끌려가는 걸 직접 보신 그때가 마지막이었다는 거지요?
“그렇지요. 그때가 마지막이었지요.”

김창유족회 합동묘, 박정권이 무참히 파괴해

- 남은 가족들이 굉장히 힘들게 사시고, 특히 어머니께서 힘들게 사셨는데요. 아까 4.19 이야기를 하셨는데, 4.19 일어난 뒤에 유족회가 만들어졌잖습니까? 그때 이야기를 기억나는 대로 좀 해주시지요.
“김창유족회라고요. 김해, 창원 이렇게 해서 김창유족회를 만들었습디다. 우리는 어려서 잘 모릅니다만, 김창유족회 사람들이 생림에 있는 나박고개 거기를 갔습니다. 음력 스무닷새날 온 사람들은 생림 나박고개에서 타살됐다고 하는 거라요. 진영에 큰 창고가 있는데, 상업창고라던가 하는 거기에 가둬놨다가 싣고 가서 타살을 했던 거지요. 주위 사람들 말로는, 오늘 저녁에 오면 내일 아침에 싣고 나가고, 어쩌면 이틀 있을 수도 있고, 며칠날 온 사람들은 뭐 어느 쪽으로 가고… 그 사람들은 아는 것 같더라고요."

- 그 동네에 있으니까 다 봤을 거 아닙니까?

"그래서 나박고개 거기를 갔는데, 그때 엄마가 마흔두 살이었어요. 엄마가 거기에 유골 수습을 하러 다녔어요. 일주일에서 십 일 정도를요. 남편이 거기 있다 싶으니까 그리하셨지, 남편이 거기 없으면, 젊은 여자가 감히 남의 뼈를 손으로 주워담고 그리할 수 있겠습니까? 그래 조그만 유골함에다 모아서, 머리만 담았던 거 같아요. 안 그러면 그 많은, 이백 몇십 명이라 하던가? 정확하게는 모르겠는데, 그 많은 유골을 어떻게 하겠어요. 진영에 포교당 절이 있었어요. 수습하는 대로 거기에 모시는 거라요. 거기다 모셔놓고, 이제 거의 다 됐다 싶을 적에 설창에, 그 앞에 조그마한 산에, 유족들이 십시일반 돈을 내서 터를 샀습니다. 터를 사서 합동장례식을 했지요."

- 설창이라고요? 그 동네 이름이.

"예. 진영읍 설창리죠. 야산 언저리 터를 사서 합동으로 장례 치른다고 하더라고요. 그래서 우리가 모두 광목으로 상복을 해 입었어요. 엄마도 그렇고, 어린 저까지도 상복을 입었어요. 그렇게 상복을 입고 유족들이 합동장례를 치렀습니다. 묘지를 크게 만들어서 비석도 세워놓고, 위령제도 모시고 했습니다. 그때는 사람이 엄청 많이 왔습니다. 그랬는데 5.16이 딱 일어나니까, 하아, 그 산소가 없어져버렸어요. 산소가 없어져버렸어요."

- 산소가 어떻게 없어졌습니까? 봉분이 있었을 거 아닙니까?

"봉분이 엄청 크지요. 몇백 명이 들어가는 산소인데요. 그 큰 산소가 없어졌어요. 그 당시에 유족들을 뭐 용공분자라 하던가? 유족회를 만들고 한 사람들을 다 잡아가고, 유족회를 해산시켰어요. 우리는 혹시 봉분만 없애버리고 유골은 그 아래 그대로 있을 줄 생각을 했더니만, 내가 이 책을 보고 알았어요. 이게 조갑상이라고 하는 소설가가 쓴 밤의 눈이라는 책입니다. 그 작가가 정말 조사를 참 많이 했습디다. 김해 공병부대 군인들을 시켜갖고 곡괭이로 파서는 그 유골을 다시 무참하게 부수고 해서 마대에 넣어서 어느 산에 갖다 버렸다 하더라고요. 그리고 비석을 곡괭이로 깨고 그걸 묘지 밑에 묻어서 평을 했다 하더라고요. 박정희 정권이."

- 상상할 수 없는 만행을 저질렀네요. 무덤은 빈터로 그대로 있나요?
"우리가 가보니까 개발을 해서 무덤 흔적이 없어요. 옛날에는 산이 이렇게 있었으면 요정도 크게 무덤을 썼었는데 그게 가보니까 흔적이 없어요."

- 최근에 가보셨습니까?
"엄마 돌아가시고 오빠하고 설창에 갔어요. 진영에 우리 외가가 하계에 있어요. 아주 산골이지만 이제 길도 났고요. 물어물어 수소문을 했어요. 옛날에 그런 산소를 쓴 그 자리 아시느냐고 물어보니까, 동네 사람들이 손으로 가리키면서, 저긴데, 안에까지 개발을 했는데, 지금 아무것도 없습니다, 가봐야 아무것도 없습니다, 하는 거라요."

- 비석이 있을 거 아닙니까? 깨진 비석이라도.
"그런 게 있는가 하고 물어보니, 아무것도 없다 하는 거라요. 아무것도 없고, 가봐야 헛 거라고 하는 거라요. 내가 요새 이 책을 다시 한 번 더 본다고 보는데, 여기에 너무 세밀하게 잘 돼 있어요. 이게 딱 진영, 대산면, 김해 거기서 난 사실을 다루고 있더라고요."

- 예. 읽어 보도록 하겠습니다. 그때 이후로 무덤은 복구를 못했네요?
"못했지요. 누가 거기를 가겠습니까. 서슬 시퍼런 박정희 시절인데."

- 그 무덤이 있던 자리에 건물이 들어선 건 아니고 공터로 있네요?
"공터로는 있는데, 밭이더라고요."

- 그러니까 거기 건물이 들어선 건 아니고요.
"그때까지는. 지금은 안 가봤는데, 당시에 갔을 때는 건물은 없고 밭이고 그랬습니다. 갈대처럼 이런 무엇이 주변에 있고요. 아무튼 산이 여긴 거 같으면 묘지는 여긴데 이만큼 개발을 했으니까. 산에서 내려온 계곡 물이 흐르고 그 주위에 갈대풀이 좀 있고, 흔적은 없습디다."

- 그래도 지금도 찾아가시면 위치가 어딘지 아시겠네요?
"정확하게는 모르지요. 차를 타고 가면 항상 내가 그쪽으로 보는데. 그 전에 고속도로가 없을 때는 부산, 마산으로 다니는 차를 타고 가다 보면, 아, 저기가 우리 산소 모셨던 곳이다 하고 쳐다보고 가고 이리했는데. 지금은 가면 이제 산이 없지요."

- 그때 김창유족회 하셨던 분들 중에 기억나는 분들은 있습니까? 김창유족회 회장은 어떤 분이 하셨습니까?
"잘 모르겠습니다. 내가 이 책에서 보니까, 김강호 아버지, 그런 사람들인 거 같아요."

- 동네에서는 유족회에 활동을 열심히 했던 분은 없습니까?

"없지요. 우리 동네에서는 우리 엄마가 지금 나처럼 여자로서 모임 있으면 가서 듣고 이렇게 했어요."

- 그러면 5.16쿠데타 나고 난 뒤에 어머니께서는 다른 고초는 안 겪으셨습니까? 생활이 힘든 거 말고 유족회에 한 번씩 간 거 때문에요.

"엄마는 그렇게까지는 안 했는데, 엄마가 갔다 오면 막 속상해하고 그랬어요. 어디 유동에 누구도 있었는데, 그 집에도 아마 고초를 당하는 모양이란다, 진영에 누구도 뭐 그렇다, 그러면서 엄마가 많이 속상해하는 거 같더라고요."

축구를 좋아하던 동네 이장

- 처음에 말씀하실 때 보도연맹 얘기하셨잖아요? 부친께서 보도연맹에 가입하셨던가요?

"저는 정확하게는 모르겠습니다."

- 그러니까 그 뒤에 어른들한테 들은 이야기라도.

"이 책에 보니까, 보도연맹에 가입한 사람은 얼마 안 돼요. 있는 사람들은 비료를 준다네 뭐를 어쩐다네 하면서 농민회로 모은 사람을 전부 보도연맹에 임의로 가입시켰다 하더라고요. 본인이 직접 가입한 게 아니고요."

- 부친께서 농민회나 그런 쪽으로 활동을 좀 하셨는가요?

"그런 자세한 거는 모르죠. 그냥 제가 어릴 때 동네 이장을 하시더라고요."

- 이장을 하신 적이 있네요?
"이장을 하면서 그런 그게 있었는가는 모르겠지만요. 그러고 보니까 아버지가 축구를 좋아했어요. 얼굴은 기억이 안 나는데, 이렇게 스포츠머리에 항상 땀이 젖어서 수건을

1942년 창원군 대산면내 축구대회 우승기념사진(뒷줄 가운데가 아버지).

목에 걸고 있던 모습이 생각나요. 갈전운동장이라고 있었어요. 거기서 항상 일하고 나면 친구들끼리 모여서 축구하고 그랬어요. 일할 때는 일하고."

- 운동을 좋아하셨네요?
"예. 땀 흘리면서 목에 수건을 걸고 있는 건 기억이 있는데 얼굴은 정확하게 기억이 안 나네요."

- 어릴 때니까요. 아까 유족회가 만들어졌는데, 박정희 정권이 들어

서 유족회를 탄압했지 않습니까? 그 관련해서 뭐 특별히 기억나시는 것은 없습니까?

"김해사람인데. 아 그래, 유동에 김 누구라 하더라고요. 유동에 김 누구를 세상에 자식 잃고도 억울한데 잡아갔단다, 이러시더라고요. 진영에도 누구라 하는데, 이름은 기억 안 나지만, 모임에 갔다 오시면 그 말씀을 하시면서 속상해하시더라고요. 그리고 그 이후부터는 유족회는 모이지를 못했지요."

진실화해위원회에 진실규명 신청

- 그러다가 근래 들어서 지금 창원유족회가 만들어진 거군요.

"내가 여기 김해 사니까 그 당시에 부산일보를 봤어요. 하루는 부산일보에 3.1동지회 기사가 났어요. 김해에 3.1동지회라고 있는데 그분들이 독립유공자 후손인 모양이라요. 그래 그분들이 이 사실을 잘 아니까, 우리가 이렇게 있어서는 될 일이 아니다 하고 마음을 모았나 봐요. 그래서 그분들이 옛날 우리가 산소를 썼던 그 자리에다 간단한 제물을 차려놓고 이 억울한 사람들한테 인사를 하자고 했던 거라요. 그걸 부산일보 기자가 신문에다가 요렇게 조그맣게 냈어요. 거기에 그 당시에 보도연맹으로 희생된 유족들은 3.1동지회로 신고하라고 되어 있더라고요. 그래서 내가 부산일보사에 전화를 해봤어요. 어떤 사람이 전화를 받더니 자기는 잘 모르는데 문화부 기자 이름을 가르쳐 주면서 전화번호를 알려주더라고요. 그래 내가 그 기자한테 전화를 했지요. 내가 아버지가 이렇게 저렇게 돼서 억울한 사람인데, 신문에 보니 제를 지냈다고 하고 신고도 하라 하는데, 어떻게 하면 됩니까? 하고 물었어요. 그

렸더니 3.1동지회 전화번호를 주더라고요.”

- 김해의 3.1동지회.
“예. 그래 거기다가 전화를 하니까 신고를 받고 있다고 하더라고요.”

- 그때가 언제입니까?
“2004년인가, 5년인가 그래요. 내가 김해에 2003년도에 이사를 왔거든
요. 3.1동지회에서 등록을 받는데, 김해사람들만 해도 참 많이 했어요.
그러니까 3.1동지회에서 따로 받으라고 해서 안인진 씨인가 그분이 김
해유족회 회장을 임시로 맡아서 받았지요. 그때 많이 받았어요. 그래
가지고 진실화해위원회에 다 접수를 했어요. 거기서 우리는 고향이 창
원이라고 창원유족회로 가라고 해서 가게 됐죠.”

- 예. 그 뒤로 진실규명 통보를 받으셨지요? 어디에서 학살된 걸로 나
와 있습니까?
“그러니까 생림 나박고개입니다.”

- 그러니까 주민들이 얘기하는 게 맞다, 그지요?
“예. 거기가 맞아요. 그러니까 그 당시에 김현숙이라고 친구 아버지하
고 같이 그렇게 됐는데 그 아버지는 학교 선생님이었어요. 그래 유골
발굴 할 때 그 현장에서 그 선생님 허리띠를 찾았던 거예요. 이거 우
리 남편 거다, 이리해서 자기 남편이 거기서 죽었다는 걸 알았던 거지
요. 우리 엄마도 가고 현숙이 엄마도 같이 갔거든요. 우리 엄마는 그때
농사나 짓고 하니까 허리끈을 뭐를 맺는지 알 수도 없고…”

억울한 사람 눈물 닦아줘야

- 그래가지고 그 뒤에 2009년 11월에 결정서를 받았지요?

"받았지요."

- 그래서 받으시고 난 뒤에 국가를 상대로 한 소송은 어떻게 되고 있습니까?

"그래 소송하기 전에 김해유족회 총무가 우리 유족회에 다 같이 되어 있는데, 김해유족회에서 소송 하시라고 하는 겁니다. 유족회 활동은 창원 가서 하고 소송은 김해유족회에서 하면 된다고 해서, 현숙이 하고 나는 김해유족회 쪽으로 해서 피해보상 소송서류를 넣었어요. 그래 했는데 이번에 내하고 현숙이 하고는 판결이 났습니다. 변호사의 실수인지 뭔지는 잘 모르겠는데요. 속마음이 너무 불안하고 불편합니다. 재판이 잘되지 않았어요. 내가 지금까지 기다린 세월이 얼만데, 그 세월에 또 싸운 게 얼만데, 이게 마지막 끝이 이런 건가…. 나한테 돌아오는 게 결국 이거밖에 안 되나 싶고요. 안정이 안 돼가지고 내가 이 사기그릇을 몇 개나 깨 먹고 버려야지 하면서 모아놓고 있습니다. 세상이 아직까지도 어둡고 그렇습니다. 억울한 사람 눈물 닦아줄 사람이 안 나타나는 거 같습니다. 억울한 사람 눈물도 좀 닦아주고 가슴 아픈 거 속 좀 시원하게 해주는 그런 제도가 빨리 생겼으면 좋겠습니다."

특별법 제정돼야

"정말 그게 말이 되는 소립니까? 그래 내가 거창에 가봤어요. 네 살,

다섯 살, 아홉 살 먹는 아이들이 거기 있는데, 너무 가슴이 아파서 못 보겠더라고요. 아이들이 무슨 죄가 있어서 그래 죽입니까?"

- 그러니까요.
"그러고 그 연세가 많은 칠팔십 된 노인들이, 뭐가 그리 저거들한테 걸림돌이 돼서 그렇게 생명을 빼앗아 갑니까? 그 당시 김영삼 대통령 때 국가에서 해줬는가 보더라고요. 완전히 두 동네를 몰살을 시킨 모양이라요. 그래 그 동네를, 정리를 해가지고 산소를 만들었던가 봐요."

- 그렇게 판결이 나서 너무 답답하고 안타깝네요.
"아직까지 이 가슴에 응어리가 풀리는 게 아니라 또 쌓이고…."

- 지금 오빠하고 남동생은 어디 살고 계십니까?
"오빠는 마산에 있고, 남동생은 대구에 있습니다. 오빠는 지금 신장이 안 좋아서 투석을 하고 합니다. 많이 안 좋습니다."

- 오빠도 그렇고, 아버님이 젊은 나이에 그렇게 되셔서 모두 힘들게 사셨겠습니다.
"힘들게 살았지요. 그래도 오빠는 그 당시에 외가에 가서 살았으니까 우리 힘들었던 거는 잘 모르시지요. 외가에는 그래도 외할머니도 계셨고, 작은 외삼촌, 큰외삼촌이 동네에 있으면서 보살펴 주니까요. 밥은 안 굶고 있었지요. 오빠는 밥 굶고 이런 거는 모르지요. 외삼촌들이 돌봐줬으니 아버지 없는 설움도 많이 모르지요. 우리만큼은. 그때 할머니, 엄미 생가이 ㄱ거였던 거 같아요. 밤에 사람들이 우리 자는 방에 몰래 들어와 구둣발로 내 머리를 이리저리 차고 했을 때, 이게 틀림

없이 우리 집안에 장손을 찾는가보다 싶어서, 오빠를 딴 데로 보내버리더라고요."

- 외가가 어디 있었다고요?
"외가가, 지금은 진영읍 하계리라 하는데, 옛날에는 너무 산촌이더라고요. 지금은 그 동네에 차도 다니고, 진영에서 넘어가는 길도 내고 이랬지만 당시는 너무 벽촌이었어요. 어릴 때 외가에 가려면 진영에서 산으로 고개로 넘어가고 해서 갔으니까요. 길이 없으니까 걸어가야 되고 그랬어요. 자주 갈 수도 없었지요. 거기에서 오빠는 한얼중학교 나왔어요. 외사촌 오빠가 데리고 다니면서. 참 그런 거를 생각해보면 엄마, 할머니가 살았던 삶은 국가에서 보상을 좀 해주었으면 좋겠는데…."

- 당연하지요. 그래야 되는데.
"할머니는 아예 보상 대상도 안 되고요. 언젠가는 국회에서 이게 특별법으로 제정이 돼서 억울한 사람들 눈물도 닦아주고 속도 풀어주는 그런 제도가 생기면 좋겠어요. 여기에 우리 오촌 둘이도 있습니다. 오촌들이 자식이 없으니까, 미신청이에요. 그래서 내가 신청하려고 하니까, 사람들이, 네가 해봐야 돈만 들고 그럴 거다, 일단 너만 해봐라 해서 일단 저만 했지요. 오촌이 두 사람인데 형도 돌아가셨지, 막내가 하나 있었는데 그분도 몇 년 전에 돌아가시고 나니까 우리처럼 가슴 아파할 자식들이 없어요. 조카들이 있지만 그 조카들이 6.25가 지나고 태어났으니 잘 모르죠. 실상을 보지 않았으니까 억울한 거를 못 느끼고 살았지요. 부산에서 살고 있어요."

- 참 안타까운 일입니다. 그리고 옛날 부친 사진이나 뭐 그런 거는 없

습니까?

"아버지 사진이…. 옛날 그때는 주민등록증이 아니고 도민증인데 거기에 스포츠머리 깎고 이런 거는 어릴 때 본 기억이 있는데, 그게 지금 어디 있는지 없는지는 잘 모르겠습니다. 아, 집에 가보니까 엄마 사진은 있더라고요. 엄마가 어린 오빠를 안고 찍은 사진이 보이더라고요."

- 예. 사진을 챙겨봐 주시면 좋겠네요. 오늘은 이 정도로 마치겠습니다.

"할머니가 가슴 아프게 살았던 거, 엄마가 가정을 위해서 자기 몸 바쳐 인생을 희생하고 살았던 거, 그런 거는 돈으로 보상을 한다고 해도 풀리지 않는 한 아닙니까? 아버지 위령비를 세워야 됩니다. 그게 완성이 되면 엄마 산소, 할머니 산소에 가서 정말 목 놓아 울고 싶습니다. 빨갱이 소리 듣고 살아온 지난 65년의 세월이 얼마나 원통합니까? 국가에서 저지른 잘못을 사죄를 해야 합니다. 그러면 엄마 산소 할머니 산소에 가서, 우리가 나쁜 사람이 아니고 명예를 회복했다는 것을 정말 큰 소리로 고하고 싶습니다."

- 네. 그런 날이 빨리 왔으면 합니다. 오늘 긴 시간 말씀해 주셔서 고맙습니다.

역사 바로 세우기는
진실규명으로부터

■ 증언자: 심재규 (1947년생, 희생자 심을섭의 아들)
■ 증언 날짜: 2015. 5. 7.
■ 증언 장소: 경남 창원시 마산합포구 중성동
■ 희생 당시 살던 곳: 경남 창원군 진전면 양촌리 대정마을

내 이름이 와 거기 적혀 있노

- 당시 상황에 대해 말씀을 듣고자 합니다. 부친께서 희생당한 거죠?

"예. 맞습니다. 다만 그 당시 50년도에 제가 우리 나이로 네 살이기 때문에 거기에 대한 기억은 사실상 전무합니다. 하지만 그 당시에 배우자였던 어머니께서 평소에 하시는 말씀을 많이 들었습니다. 그러니까 제기억이라기보다도 어머니한테 전해 들은 말씀을 하는 겁니다. 어머니가 몇 년 전에 돌아가셨어요."

- 그때 부친께서 희생당하실 때 어느 지역에 살고 계셨습니까? 그 얘기부터 좀 해 주시지요.

"지금 행정구역으로는 창원시 마산합포구 진전면 양촌리 757번지입니다, 거기가 본적지이고 또 저도 거기서 태어났습니다."

- 그럼 양촌온천 있는 그 동네입니까? 꽤 큰 동네인 걸로 기억하는데요.

"거기가 좀 큰 편입니다."

- 옛날에도 마을이 컸지요?

"예."

- 그럼 부친께서 그 동네에 사실 때 무슨 일을 하셨습니까?

"농사지었습니다."

- 대대로 그 동네에 오래 사셨는가요?

"원적을 찾아보니까 진동이었습니다. 거기서 대정으로 이사를 가셨고…. 그전에는 함안이었습니다."

- 그럼 그 동네에 친척들이 많이 살았습니까?
"제가 삼대독자이기 때문에 친족은 거의 없었고요. 어머니 집안이 그 부근입니다. 이모님이 일곱 분이 계십니다."

- 아, 이모님들이 상당히 많네요. 농사짓고 계셨는데 그때 결혼을 하셨겠네요?
"그때 1950년도에 우리 동생이 한 살, 내가 네 살이었고, 여섯 살이고, 아홉 살이고, 위에 누님들이고요."

- 아, 위에 누님이 두 분 계시고요?
"밑에도 여동생이고 해서 일남삼녀죠."

- 그럼 그때 부친이 나이가 어떻게 됐습니까?
"스물여섯입니다."

- 결혼을 아주 일찍 하셨네요.
"그렇지요."

- 그럼 그때 전쟁 터지고 난 뒤에 부친께서 행방불명되신 거지요? 그 전후 상황을 애기해 주십시오.
"1950년 음력 6월 1일입니다. 그날 아버지가 나간, 돌아가신 날을 모르니까 가신 날로 해가지고 제사를 모시거든요. 6월 1일인데 양력으로

심재규 본인.

환산을 하면 7월 15일입니다. 집 주위에 논이 있기 때문에 농사일을 하다가 점심 먹으러 오셨답니다. 그런데 지서에서, 당시는 대실지서라 그랬습니다. 진전지서 순경이 와서 이래 서류를 보여 주면서 아버지 이름을 찾더랍니다. 그래 아버지가 점심 먹으러 오셔 가지고 그걸 보더니, 왜 내 이름이 여기에 적혀 있느냐고 반문을 하더랍니다. 그런데 그 반문 한 마디하고는 바로 그길로 붙들려 간 거죠. 순경한테요. 그래 갈 때만 해도 죄목이 뭔지 모르까, 빨리 올 거다, 하고 가셨다는데, 그것이 끝이었습니다. 뒤에 소문이 대실지서에 갔다가 마산으로 갔다, 이런 이야기가 들렸다고 합니다. 그 후에 밤마다 불려나가서 돌아오지 않고 밤마다 호출당해 나가면 안돌아오더라는 거죠. 그래서 최종 몇 사람 남을 때까지 불려나가서 죽었다는 그런 이야기를 들었다고 합니다."

- 그러니까 부친 성함이 거기 명단에 있었네요?
"예. 그 후에 들은 이야기로 그렇습니다. 그런데 부친은 왜 자기 이름이 적혀있는지 모르겠다고 하시고…"

- 그러면 지서로 가시기 전에, 그 이전에 동네에서 활동을 좀 하시고, 그런 적은 없었다던가요?
"그런 일은 없었답니다. 그냥 순수하게 농사지으시고…."

- 다른 데 보면 그 당시 희생된 분들이 대개 청년들이잖아요? 그러니까 활동도 좀 하고 그런 분들도 있잖아요?
"그때 양촌에서 많이 가셨다 하거든요. 그날 몇 분이 같이 가셨다 하는데 거기서는 활동하고 그런 거는 없었답니다."

- 그런데도 본인도 모르게 명단에 이름이 올라와 있었다는 거네요.
"예."

- 말씀하셨습니다만 그 동네에서 부친처럼 희생된 분이 얼마나 된다고 들으셨습니까?
"그 마을에서만 그 당시 같은 시기에 사오 명이 간걸로 들었습니다."

- 그럼 아까 대정 말씀하셨는데 그 인근 동네는요?
"양촌리 하면 범위가 넓고 그중에서도 대정마을이 있거든요. 그게 좀 큰 마을입니다. 거기서 사오 명이…. 옛날 사람이니까 어머니가 이름은 잘 몰라도 흔히 부르는 그대로 발음대로 하면, 문또출이라고 하는 분하고, 문씨들과 하고 변씨들이 많습디다."

- 예. 초계변씨들이 많은 곳 아닙니까?

"문또출이라 분하고 변씨들하고 사오 명이 그날 가셨다 하더라고요."

- 대정마을까지 포함해서?
"양촌리라 하면 대정마을 하고 초등학교가 있거든요. 양촌 그게 포함이 되는 겁니다."

- 아, 그 일대에서 사오 명이 간 거군요.
"예. 행방불명이 아니라 그날 붙들려 간 거죠."

- 그날 뒤로 전혀 뵙지를 못했네요?
"우리는 뵙지를 못했고 이제 기다리다 기다리다가…. 가고 나서 얼마 안 있어서…. 거기가 바로 전쟁터입니다. 먼저 이런 이야기를 한번 해야 되는데…. 그 양촌이라는 데는 행정구역은 그 당시 창원군이었지만, 고성군, 함안군, 진양군, 창원군, 이 네 개의 중간쯤에 있는 경계입니다. 경계지역입니다. 그래서 진양군, 함안군, 고성군 쪽으로는 산이 딱 둘러싸고 있습니다. 유일하게 한 면, 진동 쪽으로 창원군 쪽으로만 산이 없었어요. 조그만 골짜기인데 삼면이 산이고 그 산 밑에 마을이 형성되어 있었습니다. 붙들려가고 난 후로 곧 오시겠지 하고 있었는데 그 후로 전쟁이 터졌습니다. 그 동네가 완전히 불바다가 됐습니다. 마을에 집이라고는 한 채도 남지 않고 다 소실됐어요. 그래 옆에서 포탄이 떨어지고 불이 붙고 해서 어머니가 우리 사 남매를 데리고 산 밑으로 피란을 갔죠. 적석산이란 데. 그리고 그 당시 조부님이 계셨는데 조부님은 피란을 못 갔어요. 결국 나중에 피난 갔다가 돌아왔을 때에 할아버지 시신을 동산마을에서 찾았다고 합니다. 우리 마당에도 포탄이 떨어지고 집 뒤에도 포탄이 떨어지고 집이 흙담이니까 무너지고 하는데…. 조부님은 집을 지킨다고 그래도 안 가더랍니다. 그래서 다급하니까 우선은 살기 위해서 피란을 갔는데 돌아오니까 조부님은 돌아가시고…. 그러니까 안 오시는 분은 어째서 안 오시는지 경황도 없었던 거지요."

- 그렇게 찾고 할 틈이 없었네요?
"예. 그리고 전쟁이 끝났을 무렵에는 동네에 옛날 마을 분들이 돌아오니까 거기서 소문이…. 한 분이 살아오셨다 그래요."

- 혹시 문또출이란 분이 아니신가요?
"예. 그런 걸로 들었어요. 문또출이란 분이 살아오셨다고 사람들이 그분 이름을 많이 들미더라고요. 그래 하시는 말씀이, 아까 이야기대로 마산형무소에 있는데, 밤마다 호명을 해서 불려나가는데 한꺼번에 나간 게 아니고 밤마다 나가면 안 돌아오더라, 마지막까지 있어도 자기 이름을 안 부르더라, 그래서 나왔다는 얘기를 합디다."

- 그분은 형무소에서 나왔네요?
"예. 다 불려 나갔는데 마지막까지 자기는 부르지 않더랍니다. 그래서 나왔다는 얘기를 동네에 와서 하더랍니다."

- 살아오신 그 한 분은 그러면 그 뒤로 동네에 계속 사셨네요?
"예. 사신 걸로 알고 있습니다. 우리는 그래가지고 집이 다 불타버렸기 때문에 전쟁이 끝나도 살 수가 없었어요. 아버지 안 계시제, 할아버지 안 계시제…. 어머니 혼자서 어린 애들 사남매를 길러야 하는데 농사도 못 짓고 하니까 이사를 나간 겁니다. 회원동으로요."

전쟁통에 불바다가 된 고향마을

- 그러니까 전쟁 이후로 마산으로 가셨군요. 이 이야기는 좀 있다 듣기로 하고요. 전쟁 때 이야기를 조금 더 듣겠습니다. 그 동네까지 인민군들이 쳐들어 내려온 거지요?

"진동까지 온 것으로 알고 있어요."

- 인민군들이 그 동네에 주둔을 했습니까?

"주둔을 했는지 그거는 모르지만, 괴뢰군이, 인민군이 여기까지 내려온게 확실합니다. 그 일대에 전투 잔재가 다 남아있었거든요. 차량이라든지 하는 장비를 두고 후퇴를 했거든요."

- 인민군들이?

"예. 우리 어머니 하시는 말씀은, 아까 제가 얘기했듯이, 비행기가 산이 없는 진동 쪽에서 새까마이 날아오더라는 겁니다. 날아서 머리 위에 오면서 시커먼 걸 떨어뜨리는데 그게 포탄이랍니다. 그러면 산으로 마을로 터졌다고 합니다. 그래서 동네가 완전히 불바다가 되었다고 해요. 그래 산속에 피란 가서 있다가 먹을 식량이라든지 이것 때문에 집에 한 번씩 왔답니다. 불탄 집에서 쌀을 가져왔는데 위에만 불이 좀 타고 밑에는 그대로 있어서 먹을 수 있었답니다. 그래 식량을 가져가서 밥해 먹고 또 밤 되면 내려오고 그랬다고 합니다. 그런 실정인데 밤에 다니면 시체를 밟기도 했답니다. 이런 이야기까지 했습니다. 밟아보면 우리나라 사람들은 뼈마디가 작은데, 밟아서 미끄러지는데 보면 뼈마디가 굵은 게 있었는데 그건 유엔군 거였다는 겁니다. 그리고 우리 마당에는 차량이 뒤집어져 있었고…. 완전히 전투지역이었답니다. 그래 나중에 좀 평정이 되어서 다시 농사를 지어 보려고 가면 논에도 시체가 많았다고 해요. 논에서 논으로 물이 흘러가는 물길이 있다 아닙니까? 밑에 논으로 물이 떨어지는 데에 이빨 즉 치아가 한 주먹씩 있더랍니다. 시체가 썩고 나니까 빠진 이빨이 물 따라 내려오다가 거기에 고였다는 거죠. 그렇게 사람이 많이 죽은 데입니다."

- 대정 주변 논에서 그지요?
"그리고 당시는 함안군인데 여항 골짜기라고 있거든요. 이 일대에서 전투가 벌어지면서 괴뢰군들이 죄다 산속으로 숨어들어 갔어요. 여항산이 높거든요. 여항 골짜기로 괴뢰군들이 다 숨어들어 가서 전투가 아주 치열하게 벌어졌습니다. 그래 그 후에 전투 잔재물이라든지 이런 거를 국군들이 회수를 하는데, 저희 이숙 되는 분이 안내를 했답니다. 그분이 지금까지 살고 계시다 엊그제 돌아가셨는데…. 그래 그분이, 어디에 가면 비행기가 추락해 있고 어디에 가면 괴뢰군이 숨어 있었고 하는, 그런 걸…. 그 동네에 살았으니까, 전쟁통에 산골짜기에서 다 보고 있었다는 거죠. 그러니까 국군들한테 현장을 다 안내를 한 겁니다. 그래서 그분이 국가유공자가 되었습니다. 그 정도로 전쟁이 치열했던 곳입니다. 심지어 진양군 쪽으로 넘어가는 고갯길 밑에 밭이 있는데…."

- 다리 지나서요?
"예. 다리 지나서 봉암 가는데 거기 선산이 있고 밭이 있습니다. 발산 고개 올라가기 전에. 거기에 괴뢰군들이 군용트럭을 언덕 밑에다가 밀어 넣고 위에다가 흙을 덮어놓고 후퇴를 했다는 이야기를 합디다. 거기도 전투가 아주 치열했던 곳입니다."

- 이 일대에서 미군들도 많이 죽고 인민군들도 많이 죽고…. 그 동네에서는 지서에 끌려간 분들 말고, 전쟁 와중에 조부님처럼 돌아가신 분들도 있겠네요?

"예. 전투지역이니까 있었겠죠. 우리가 몰라서 그렇지. 완전히 격전지였습니다. 거기가."

마산 회원동으로 이사

- 그래가지고 모친께서 자식들을 데리고 마산으로 나오셨네요?

"전쟁 바로 끝나고 나서는, 거기서 살 거라고 바로 그 옆에다 움막을 지어 살았어요. 그런데 결국 농사를 못 짓지 않습니까. 혼자서. 그래서 마산으로 이사를 나왔죠."

- 부친도 안 계시고 그 뒤로 굉장히 고생을 많이 하셨을 것 같습니다.

"그렇죠. 이루 말할 수 없는 고생이죠. 우리야 어렸으니까 모르지만 마산 회원동에 와서 살면서 고생 많이 하셨죠. 옛날에 회원동에 일제시대에 말을 키우던 큰 창고가 있었어요. 그게 네 동이 있었는데, 해방이 되고나서 사람들이 칸칸이 방을 넣어서 살았거든요."

- 세 개 동이 아니고요?

"4개 동인 걸로 알고 있는데? 아무튼 우리가 거기 살았습니다. 그 동네를 우리 어릴 때는 군하라고 했는데…."

- 군하라고요? 그게 무슨 뜻입니까?

"예. 모르겠는데 그렇게 부르더라고요. 거기가 번지는 384번지였습니다."

- 아무튼 그 동네 사시면서….
"거기서 한 10년 살았습니다."

- 고생 많이 하셨겠네요? 모친께서?
"새벽에 어시장에 가서 고기 사다가 기차 타고 저 산인, 함안 가서 팔고…. 식량 같은 거로 바꿔서 가져오기도 하고 그래 다녔잖습니까. 고등어 멸치 같은, 어시장에 가면 그때그때 많이 잡히는 게 안 있습니까? 그 생선을 떼다가 함지에 이고 북마산역에서 기차를 타고 가서 팔고, 기차를 타고 돌아오고 그랬습니다. 시골에 가서 마을마다 가서 팔고 다니다 시간 놓치고 하면 걸어오시는 겁니다."

- 그 먼 거리를….
"예. 저도 회원동에 살 때 학교 갔다 오면 책가방 던져 놓고 나무하는 게 일이었습니다. 나무를 하러 북마산 저 뒷산 봉화산으로 올라가서 무학산까지 다녔습니다. 어떤 때는 저 무학산 정상 쪽을 넘어서 감천 쪽으로 내려가다가, 그 중간쯤에서 나무를 해가지고 못 올라오고, 감천 쪽으로 내려가서 중리로 해서 철길로 따라 왔습니다."

- 아, 그 먼 거리를요? 무학산 한 바퀴를 삥 도는….
"6.25사변 나고 나서 국민학교 여덟 살 때 이사를 왔거든요. 그때부터 열여덟 살 때까지 회원동에 살았어요. 오자마자 바로 국민학교 다닐 때부터 나무하러 다녔거든요."

진실규명을 위한 노력

- 그러면 그 뒤로 부친 돌아가신 것에 대해서 따로 들은 거는 없습니까? 살아 돌아오신 분 얘기 말고는?

"없죠. 통보받은 것도 없고…. 일절 소식이 없었죠. 조금 크면서 들으니까 보도연맹이라는 이야기가 나오더라고요. 보도연맹은 사실 공개를 못하는 입장이었지 않습니까? 보도연맹이라면 빨개이라는 이야기를 하기 때문에 아예 숨기고 살았거든요. 보도연맹에 가서 그래 됐다 하니까. 알려주는 사람도 없고…."

- 그럼 그 뒤로 소위 연좌제 때문에 피해를 입으시거나 힘들었던 것은 없었습니까?

"그거는 피해라고 하기보다도…. 빨개이 자식이다 해가지고 공무원도 진출 못 한다 뭐 이런 이야기가 있어 가지고, 커면서 아예 나는 그러니까 기술을, 철공소 기술을 배웠다 아닙니까? 그래서 지금까지도 기계공장을 하고 있습니다. 그래서 그런 데 진출하려고 생각도 안 했죠."

- 공직은 아예 생각을 안했네요?

"안했죠. 못하는 거지. 커면서 소문 들으니까 빨개이 자식이다…."

- 그리고 나서 또 세월이 흘러가지고…. 유족회에는 언제부터 참여하신 겁니까?

"그게 창원유족회 오기 전에…. 대정마을에서 발산고개 넘으면 이반성 아닙니까? 발산쪽이 외가집이다 보니까 그쪽으로 왕래를 자주 했죠. 그러다 보니까 진주에 유족회가 있다는 얘기를 들었어요. 그때 조현기 씨인가? 진주유족회에 조현기 씨라고 있었습니다. 그분한테 찾아가서 처음으로 억울한 심정을 말하고 그 유족회에 가입을 했었어요. 나중에 창원유족회가 생겼으니까 그리 가면 좋겠다고 해서 창원유족회로 왔거든요. 그러니까 칠팔 년 됐을 겁니다."

- 그리고 진실화해위원회에도 신청을 하셨지요?
"그거는 창원유족회를 떠나서 진주에서도 들은 이야기도 있고 해서 그때 마침 제가 했죠."

- 그래서 진실규명 받으셨지요?
"예. 받았습니다."

- 그리고 난 뒤에 소송은 어떻게 되고 있습니까?
"일심에서 패소했는데 그 이유가 정확한 근거가 없다는 겁니다. 그런데 우리가 어떻게 돌아가신 지를 정확하게 모르지 않습니까. 여태까지는 소문만 듣고 있었거든요. 밤마다 불려 나가서 안돌아왔다는 문또줄이란 분의 얘기도 있었고, 또 다른 사람들은 마산 앞바다에 수장을 했다는 얘기도 있었지만…. 그리고 그 당시에 우리 동네에서 여항 골짜기로 사람들을 실고 가는 걸 목격한 동네 사람들이 많았거든요. 여항 골짜기로 가려면 우리 대정마을을 지나가야 되거든요. 우리 동네서 여항 골짜기까지가 8킬로 정도 됩니다. 그래 어른들 얘기를 모아보면 이렇습니다. 그 당시는 아버지가 붙들려가고 나서 얼마 지나지 않았을 때랍니다. 아직 집이 불타고 그러지는 않고 방안에서 기다리고 있던 중이었답니다. 그런데 보니까 진주 쪽에서 트럭에다가 사람들을 태우고 여항 골짜기로 들어가더랍니다. 그런데 트럭 위에 덮는 덮개 있지 않습니까? 그걸 일본말로 호로라고 하는데 그걸 안 씌우고 그대로 싣고 가니까, 민간인들이 포승줄에 묶여있는 게 표가 난다 아닙니까? 그래 옆에는 순경들이 총을 매고 같이 타고 여항 골짜기로 들어갔다고 합니다. 또 좀 있으니까 진동 쪽에서 무장한 순경들이 탄 군용트럭이 여항 골짜기로 올라가더랍니다. 그래 군용트럭에다가 사람을 싣고 가는 것도 봤고 순경이 올라가는 것도 봤는데, 내려올 때는 빈 차로 내려오더랍니다. 민간인은 아예 없더라는 거죠. 그러니까 그 당시에 붙들려 간 사람들을 여항 골짜기에서 사살한 거는 분명한 거죠. 그런데 거기 대해서 그 뒤로 아무도 말을 못했습니다. 그래 세월이 한참 지나고 난 뒤에 이상길 교수님 팀이 여항 골짜기 폐광에서 시신을 발굴하지 않았습니까? 그때 우리 어머니와 제가 입회를 한 적이 있습니다. 혹시나 유골이 나올까 싶어서…. 그런데 우리 아버지의 경우에는 어디서 어떻게 되셨는지 확실하게 알 수가 없지 않습니까? 대정마을에 조용희 씨란 분이 계신데 그 당시에 열두 살이었다 하더라고요. 그분이 진실화해위원회에 진술을 했어요. 정확한 날짜는 아니지만 우리 아버지가 음력 6월 1일에 농사일 하다가 순경한테 붙들려갔고, 그 후로는 안 봤다는 얘기를 했어요. 그런데 일심에서는 그 진술이 신빙성이 없다는 겁니다. 열두 살이기 때문에."

- 너무 어리다고 본 거네요?
"예. 우리 보고 당신 아버지가 죽은 거를 왜 정확하게 모르느냐고 하는데, 모를 수밖에 없지 않습니까? 근데 그게 근거가 돼서 패소를 했어요. 우리가 처음에 소송할 때는 진실화해위원회에서 규명을 받았기 때문에 그거 하나만 해도 된다고 했었거든요. 그래서 다른 거는 아무것도 준비를 안 했었는데 패소를 하고 나니까, 노 회장님도 그리고 다들 서류를 찾아보라고 했어요. 국가기록원에 가든지 아니면 계룡대에 가든지 해서 찾아보라고 했습니다. 그래 부산에 있는 국가기록원에서는 없다고 해서 못 찾았어요. 그래 계룡대 고등검찰부에 전화를 해 이름을 대니까 있다 하더라고요. 그래서 절차를 밟아서 재판서류를 받았어요. 보니까 국방경비법 34조인가 이래 가지고 사형이라고 되어 있더라고요."

- 국방경비법 위반으로?
"예. 이적죄인가 이래가지고 그 당시에 백몇십 명이 되던 모양이더라고요. 그중에 이름이 올라가 있어서 받았어요. 받아서 고등법원에 제출해 놓고 있는 상태입니다."

- 지금 그럼 재판 진행 중이네요?
"예."

- 아주 어릴 때 부친께서 안 계셨기 때문에….
"예. 얼굴도 모릅니다."

- 사진은 하나 안 남아 있습니까?
"사진도 없고…. 동네가 다 불탔기 때문에…. 족보라든지 이런 게 다 불타버리고 없으니까, 아까 얘기한 함안 의령 쪽으로 가면 친척이 있다는데도 못 찾아요. 어느 집에 자손인지도 몰라요. 족보가 다 불타버렸으니까…."

- 실례지만 어디 심씨입니까?

"청송 심가입니다."

시신 발굴현장마다 찾아다니신 어머니

- 앞으로 바라는 바를 말씀해 주시지요.
"정말 말 그대로 진실이 규명되어야 합니다. 지금 와서 보상 이거는 중요하지 않습니다. 정부에서 시인을 해야 됩니다. 그 당시 전쟁 중에 억울하게 죽었다는 걸 모든 사람이 알고 있는데 정부에서 그걸 발표를 안 해주니까 문제입니다. 역사 바로 세우기란 취지에서도 그 진실은 규명이 되어야 하지 않겠습니까?"

- 예. 그래서 말씀하신 것처럼 국가에서 인정하고 사죄하고 또 적절한 보상도 되어야 하는 거는 당연한 것 같습니다.
"보상은 차후 문제고…"

- 혹시 빠뜨린 이야기가 있으면 말씀해 주십시오.
"대략적인 것은 이야기가 다 된 것 같습니다. 저는 제사는 6월 1일로 계속 모셨습니다만 사망신고를 67년도에 했습니다. 제가 67년도에 군에 가기 위해서 신체검사를 했습니다. 그런데 호적상에 제가 삼대독자라서, 삼대독자는 군에 안 가도 된다고 해서 호적등본을 떼러 갔습니다. 면사무소에 가니까 아버지가 그대로 살아 계신 걸로 되어 있었어요. 사망신고가 안됐더란 말입니다. 그래서 내가 면사무소에다가 자초지종을 이야기 하니까, 6.25 때 이렇게 됐습니다, 하니까, 그러면 지금이라도 인우보증이라 하니까, 마을에 가서 이장한테 도장 받고 이래 해

온나…. 그렇게 해가지고 67년도에 그 당시 날짜로 해서 사망신고를 했습니다."

- 그럼 그때 사망신고한 게 나중에 재판과정에서….
"아직까지 그거는 거론은 안 하더라고요. 일심에서는 단지 불확실하다, 죽은 데도 모르고…. 우리가 죽은 데도 모를 수밖에 없지 않습니까? 소문만 들었던 거지. 우리가, 어머니가 생전에도 단성으로 어디로 시신 나온다고 하면 찾아다니고 그랬습니다. 그래 여항 골짜기 둔덕에서 이상길 교수 팀이 발굴을 하니까 거기서 도장도 나오고…. 그런 이야기를 듣고 거기 가서 기다리기도 했습니다."

- 그때 부친께서 특별한 옷차림을 하셨던 가요?
"그런 거는 특별히 남을 기 없었던 모양입니다. 그래도 그 주위에 사람이 신원이 밝혀지면, 어디에 있던 사람인지는 알 수가 있으니까 그래서 찾아다녔습니다. 그러다가 이상길 교수님 하고 알게 되었지요. 그래 당시에 엠비씨에서 피디수첩, 권오석 다큐와 과거사 규명, 이라고 하는 다큐 프로그램이 제작되고 있었어요. 그 당시에 피디가 오동운 씨라고 지금도 근무를 하고 계시더라고요. 그래 그분이 우리 어머니한테 인터뷰를 좀 하자고 해서, 어디서 했느냐 하면 경남대학교 학교 내에서 인터뷰를 했습니다. 그래서 그것도 증거가 될까 싶어서 엠비씨에 재차 요청해 가지고 방송된 내용을 복사를 해서 고등법원에 제출까지 했습니다."

- 그럼 모친께서는 지금도 계십니까? 존함은 어떻게 됩니까?
"김수선입니다. 2007년도에 돌아가셨습니다. 1924년생이니까 우리 나이로 팔십사 세였습니다."

- 오늘 시간 내 말씀해주셔서 감사합니다.

진실규명과 명예회복은
국민화합과 국가발전의 밑거름

■ 증언자: 심진표 (1945년생, 희생자 심재인의 아들)
■ 증언 날짜: 2015. 5. 9.
■ 증언 장소: 경남 고성군 대가면 연지리 평동마을 자택
■ 희생 당시 살던 곳: 경남 고성군 대가면 연지리 평동마을

아버지의 항일투쟁

- 제가 듣기로 선생님 부친께서 6.25전쟁 터지고 난 뒤에 억울하게 희생된 걸로 알고 있습니다. 또 그전에 부친께서 일제강점기에 항일운동을 하셨다고 들었거든요. 그 얘기부터 좀 해주시지요.

"예. 아버님이 1917년생입니다. 중학교 과정을 다 마치고 고등학교 갈 나이가 되셨어요. 그 당시 우리 지역에 고성농업실수학교라고 하는 고등과 계통의 학교가 하나 있었죠. 그때 거기 제1기생, 27학번으로 입학을 했어요."

- 27학번이라 함은?

"입학연도가 아니고 학번이 27번입니다. 학생들 중에. 지금도 가면 학적부가, 어제 쓴 글같이 있거든요. 그래서 거기서 공부를 하는데, 당시 우리나라가 일제에 침탈을 당했을 때죠. 모든 민족의 문화라든가 사상이라든가 경제라든가 이런 게 전부 일제에 수탈을 당해 마음대로 못할 때잖아요. 그때 교장 선생님 하시던 은사 이구희 선생님이…."

- 이구희?

"이구희. 영원할 구, 기쁠 희. 그 선생님께서 민족정신이 바르고 똑똑한 제자 십여 명을 뽑아가지고 일본에다 유학을 시켰습니다. 그래가지고 저 북해도에서부터 혼슈, 그다음에 시코쿠, 큐슈 전역에다가 그 학생들을 배치해서 연락망을 정비했답니다. 그렇게 우리 국내와 쭉 연락을 한 줄로 알고 있습니다. 그래서 아버님도 동료들 몇하고 함께 일본에 가서 재일학생단이라고 하는, 항일운동을 목적으로 하는 비밀결사를 결성했는데, 그게 한 팔십여 명 된다고 해요."

- 전국적으로?

"거기에 분연히 참석한 학생들의 생소지가, 난 곳이 조선팔도니까, 제주도에서부터 함경도까지 규합된 학생들이 한 팔십여 명. 소위 삼삼사사 점조직을 통해서 모든 연락망이 완성된 걸로 알고 있습니다. 거기서 활동을 하는 한편 학문을 열심히 하고, 체력을 강건히 해야 독립운동 하는데 도움이 된다 해서 체력단련도 하고 그랬답니다. 그 당시에 유도, 검도 등 체력과 정신에 아주 강인한 요소가 되는 운동도 열심히 했다 그럽니다. 그래서 부친은 유도를 열심히 한 걸로 알고 있습니다."

- 예. 그럼 당시에 부친께서는 일본 어디로 유학을 가셨습니까?

"일본 우쓰노미야 즉 우도궁 시에 있는 우도궁고등농림학교를 갔어요. 대학 과정인 셈인데요. 거기서 이무치로의 집인가 거기에 하숙집을 정해 놓고 지내는데, 거기가 일본 전역에 학생들 연락망 본부가 된 거예요. 그렇게 해서 아버님 지시하에 전부 다 움직이고 그랬다는 거지요. 그래 이 년여 가까운 세월 활동 하던 중에 문서 전달 할 게 있어서, 그때는 문서 외에는 달리 전달할 방법이 없었으니까."

- 비밀문서를 작성해서….

"비밀문서를 작성해가지고 다른 동지들한테 전달을 하는데, 심부름을 하던 그 어린 애가 그 문서를 중간에 떨어뜨리는 바람에…."

- 잃어버렸네요?

"예. 흘렸어요. 그런데 그 문서가 하필이면 고송이라는 한국계 고등계 형사에게 발각됐어요. 성이 고씨고 이름이 송인데, 발각이 되어가지고 그 조직이 일제경찰에 일망타진된 거지요. 전부 다 체포됐어요."

심진표 본인.

일제의 모진 고문에 사망통지서 받아

- 일제 때 그 정도 사건이라면 큰 사건이었겠네요?

"컸지요. 그래가지고 일본에는 감옥이 비좁아서 다 수용이 안 되니까
한국으로 분산 구금을 시켰다고 합니다. 그분산 구금된 지역이 대구
를 위시한 경상북도 현풍, 의성, 군위 등등 이었다고 해요. 그렇게 분산
구금이 되었더랍니다. 그렇게 옥살이를 하는데, 얼마나 고문을 당했던
지…. 그 모진 고문에 옥살이하다 죽은 동지들도 있다 합니다. 손톱 발
톱 빠지는 고문은 예사였다고 하니까요. 결국 43년도 말에서부터 44년
도에 걸쳐서 판결이 났습니다. 소화 몇 년도에 나온 판결문을 보면, 여
기 원본을 카피한 게 있어요, 거기에 보면 일본 치안국 1019호라 해가
지고, 아버님은 최고 수괴라 해서 4년형, 다른 동지들은 3년, 또 2년 6
개월, 2년, 1년 6개월, 1년, 또는 방면, 훈방조치 등등의 판결을 받은 걸

로 되어 있습니다. 다 그렇게들 구금이 되었답니다."

- 그때 일제로부터 적용받았던 법은 무슨 법이었습니까?
"치안유지법입니다. 그러니까 당시에 일본정부에 항의했다 이거죠. 일본정부에 피해를 입히는 행위를 했다 이거지요. 그거 때문에, 치안유지법 위반으로 감옥생활을 했어요. 그러다 이 년여 하는 중인데, 아버님이 병이 나서 죽었다고 하는 통지가 집으로 왔다고 합니다. 그래서 급하게 장례 준비를 하는데, 곽하고 조관하고 삼베 몇 필하고 이렇게 준비를 했답니다. 어머니하고 집안 어른들하고 숙부님들하고 모여서 장사 치르러 가니까…."

- 어디로 가셨다고 합니까?
"대구형무소. 그래 가니까 돌아가시지는 않고 모기 목숨, 파리 목숨 정도로 숨만 딱 붙어가지고 완전히 살이 한 점 없이 뼈하고 가죽만 남은 상태였답니다. 말 그대로 피골상접 해가지고 눈도 못 뜨고 누워있더라는 거지요. 그러니까 장사를 쳐도 집에 가서 치라는 거겠죠. 그래서 시체와 같은 육신을 모시고 왔다 그러데요."

- 그때는 어디 사셨습니까?
"내내 이 집에 살았지요."

- 이 집에?
"이 집에 살았지요. 그때 이 집이라 해봤자 초가, 아래채도 없었습니다. 삼간 초가집만 있고, 뒤 터에 빈집이 썩어문드러져 흐트러진 채로 있었고, 여기 겨우 밥만 해먹을 정도고 그랬지요. 현재 살고 있는 이 집은 그 후에 내가 손을 많이 보고 정성을 쏟은 집입니다. 아버지 돌아가시고 나서 한참 후인데, 한 육십여 년 전일 겁니다. 두 살배기로 다른 집을 사가지고 왔어요. 저 부잣집이 집 파는 걸 사가지고 왔죠. 재목이 좋다고 해서 우리 어머니가 두 살배기를 사가지고 왔지요. 이 집 나이는 한 백오십여 년 됩니다."

- 예. 두 집을 하나로 합친 거네요?
"그렇지요."

- 그러니까 죽음 직전에 이른 아버님을 이 집으로 모셔 왔네요?
"모시고 와서 치료를 받았죠. 그때 안동 권씨, 권오관 씨라고 우리 고성에 초대 의사가 있었어요. 일본서 의과 공부를 한 의사가 있었는데, 아버지의 주치의로 정해서 치료를 받았죠. 또 그때로서는 보약이라 해봤자 별다른 한약도 없었고, 오로지 개물, 개를 푹 고운 그 물하고, 염소 잡아서 삶은 물하고 그게 유일한 영양, 보양제였어요. 기가 돌아오도록 하는. 그런 식으로 육 개월에서 팔 개월 정도 하니까 이제 살살 걸어 다닐 정도로 건강이 회복 되었답니다. 그런데 감옥소에서 자꾸만 오라고 하는데, 아직까지 남았다고…."

해방, 그러나 일제 대신 동족의 탄압이

- 아직 형기가 남았으니까 다시 입감해서 형기를 채우라는?
"그렇지요. 그래 아직 덜 나았다고 의도적으로 슬슬 끌었다고 해요. 그러던 중에 극적으로 우리나라가 해방이 됐다고 합니다. 해방이 되었으니 이제 안 잡혀가도 되니 얼마나 기쁘셨겠습니까? 그때부터 집에서 다시 병을 구완하면서 약을 먹고 이렇게 해서 건강이 많이 회복됐어요. 일본사람 물러가고 나니까, 아는 사람끼리 서로 위로 차원에서 안부 묻고 그런다고 왔다갔다 그렇게 했다고 합니다."

- 그때 전국적으로 건국준비위원회 같은 조직들이 만들어졌지 않습니까?
"건국준비위원회, 구국청년단, 대동청년단, 또 무슨 위원회 해가지고 각계각층의 사회집단들이 막 난립을 했던 모양이에요."

- 그리고 또 정치적으로는 미 군정 때 아닙니까? 대한민국 정부 들어서기 전에.
"그렇죠. 이승만 정부가 들어서기 전이죠. 미 군정 하에서 그 뭐 아주 혼란스러울 때죠. 그렇게 참 해방을 맞아서 집에 있는데, 그때 많은 사람들이 아버님을 찾아오고 또 가고 그랬지요. 그때 어떤 조직이나 사상에 편승이 되어서 활동을 한 모양이에요. 그런 와중에 가족들, 식구들은 뭐가 뭔지도 모르고 그냥 아버지 하는 대로 가만 있어라 해서 있었다고 합니다. 그런데 어느 날, 어떤 사람들이 와서 조사할 게 있다고 하면서 잡아간 겁니다."

학창시절의 아버지 심재인.

- 고성경찰서에서?

"고성경찰서인지 어디서 왔는지 사람들이 열 몇 명이 왔더래요."

- 아, 열 몇 명이나요?

"하아 참. 단체가 왔더랍니다. 우리 아버님은 신체도 크고 운동도 잘하고 그러니까 몇 사람으로는 감당을 못한다, 그랬던 거겠죠. 옛날에는 우리가 축지법을 쓴다느니 뭐 그랬거든요. 그만치, 뭐라 할까. 여기서 서울에 일 보러 갔다가, 또 며칠 후에 서울에서 일 보고 있다는 사람이 중국에 가 있고 뭐 이랬다니까요. 그때 세간 사람들 사이에 심재인이는 축지법을 쓰고 다닌다는 말이 있었답니다. 그 말이야 과학적으로 분석할 때에는 이치에 맞는 말이 아니죠. 허허."

- 그만큼 운동도 잘하고 빠르고 하셨던 거네요.

"예. 그리고 우리 아버님이 190센티 정도 되는 거구였습니다. 여기 동기들 하고 찍은 사진을 보면 동기들보다 머리 하나 이상 더 큽니다. 키가 아주 컸습니다. 그런데다 아주 날쌨답니다. 목적달성을 위해서 하룻밤에 밤새껏 목적지로 걸어가고 하는, 그런 의지가 그 당시에 있었던 모양입니다. 그래 잡혀가고 나니까 식구들은 눈물바다가 되고 이루 말할 수 없는 지경이 됐지요. 며칠을 어디로 잡혀간 지도 모르고 있다가, 한 삼일쯤 지났을까, 마산형무소에 있다는 소식을 접하게 됐어요. 그것이 아마 1947년도 말에서 48년도쯤 아니겠나, 그런 추측을 해 봅니다. 그래서 집에서는 하마나 나올까, 하마나 재판하고 나올까, 이렇게 기다리는 중에, 아버지는 일 년 반이 넘도록 미결수로 마산형무소에서 있었다고 합니다. 그래 한날은 아버님이 곧 석방이 된다는 그런 얘기가 있었다고 합니다, 그러니 온 일가친척 동네 사람들이 막 고맙다고 반가워하고 눈물을 흘리고 이랬다고 해요."

- 그때까지는 집에서 계속 면회를 다니셨겠네요?

"그랬죠. 어머니, 동네 사람들, 집안 어른들, 숙부님들 해서 면회를 갔죠. 면회를 가도 그냥은 못 가는 거고, 떡이라도 해서 가야됐죠. 쌀로 하든지 보리쌀로 하든지 떡을 해서 갔어요. 간수들한테 잘 보여야 하니까요. 어쨌든 고생 좀 적게 시킬 거라고 논이며 밭뙈기 좀 있던 것도 다 처분하고 팔아서 어떻게든 형을 좀 줄여보려고 했다는 거예요."

논밭 팔아 구명운동, 무죄 석방 막판에 터진 한국전쟁

"그전에는 우리가 논밭도 좀 있고 남부럽잖게 살았다는데, 그걸 다 팔아서 구명한다고 많이 다녔다는 그런 얘기를 들었어요. 어른들에게 그 얘기를 많이 들었지요. 그렇지만 그 당시 역사적인 상황이라든지 그런 자세한 얘기는 우리한테 많이 안 들려주더라고요. 너희들은 몰라도 돼, 그렇게 잘라버리고요. 그것 때문에 오늘날 와서 아쉬움이 많이 남아요. 그러자 곧 내일모레 무죄 석방 돼 나온다고 그러고 있는데, 어느 날 갑자기 6.25사변이 터진 거요. 인민군들이 밀고 내려온다고 그러는 거야. 그래 날짜가 지나도 안 나오니까 마산형무소에 또 간 거지요. 어떻게 된 거냐, 그러니 6.25사변이 터져서 못 나온다, 그러면 어디 있느냐고 하니까 어디 있는지도 모른다, 이겁니다. 그래서 그때부터 근 한 달 가까이를 어디 옮겼는지도 모르고 속만 태우고 있는 거지요. 이제 북한군은 경기도, 강원도, 전라도로 서서히 밀고 내려오는 중이고…. 그래서 이 사람들을 바깥에 내주면 다시 사회 혼란이 온다고 가둬놓고 있었던 건지, 그 뒤로는 면회도 안 되고, 도저히 소식을 알 길이 없었다고 합니다."

가운데 앉은 분이 학창시절의 아버지 심재인.

- 그럼 전쟁 터지고 면회도 더 이상 못하시고 그랬네요?

"면회는 불가능 했지요. 어디 있는가도 모르고요. 설령 형무소에 있는 줄 알아도 모시고 올 방법도 없고요. 결국은 그렇게 이십여 일간을 아무것도 모르는 채 답답하게 암흑 중에 있다가 양력으로 칠월 이십 일 넘어 됐을 때랍니다. 그 당시에 마산형무소에는 많은 사람들이, 대충 들은 바나 기록으로 보면 천몇백 명이 있었다고 합니다."

- 그 정도로 많은 인원이 수감되어 있었네요?

"그랬다고 합니다. 당시에 지성인이라고 하는 사람들, 공부를 좀 했다는 사람, 뭔가 우리 주변에서 좀 안다고 하는 사람들은 다 거기에 잡혀가 있었다고 해요. 그런데 어느 날 소문이 들리기로, 그 사람들을 전부다 밧줄로 엮어가지고 마산 어디 앞바다에 밀어 넣고 총살을 시켜버렸다는, 그런 엄청난 얘기가 들려왔답니다. 그때 우리 어머니가 마산을 찾아갔대요. 찾아갔지만 워낙 어지러운 세상이었으니까, 아예 면회는 절대 안 된다고 해서 울면서 쫓겨 나왔다고 합니다. 그렇게 쫓겨 와서는 집안 어른들 하고 모여서 의논을 하는데, 뭘 알 수 있는 방법이 없으니까 추정하기도 어려운 거예요. 그래 추정컨대, 정확한 날짜는 모르지만 장소는 분명히 마산시 구산면 쪽에, 괭이바다라고 하는 물살이 센 그 마산 앞바다가 맞다는 겁니다. 그래 거기에 사람들을 집단으로 밀어 넣고 총살 학살을 했다는 것이 정설인데요. 어머님하고 집안 어른들이 하신 말씀에 비추어보면, 그게 아마 1950년 7월 25일 전후가 아니겠나, 그렇게 저희들은 추정을 합니다. 그래서 그 뒤에 진실화해위에서 통지가 와서 가서 그렇게 진술을 하고 했습니다. 그렇지만 예전에 우리가 자랄 때만 하더라도 이런 정확한 날짜를 정리한다든가 하는 건 관심 밖이었고요. 또, 일부러라도 몰라야 된다는 그런 분위기였어요."

세상 무서워 아버지 사망신고도 못 하고

"우리가 어릴 때는, 사람만 보면 겁이 나서, 아버지 없다는 소리만 하고, 다른 말은 일절 안 했습니다. 그래서 당시 상황에 대한 아무런 지식이나 상식이 없었지요. 그러니 그때 진실화해위원회의 여자 사무관 그분이 질문을 하는데, 평소에 생각해뒀던 올바른 역사인식이나 당시 현실에 대해 정리해놓은 게 없으니까, 생각나는 대로 대강대강 임시 땜

질식으로 이야기를 할 수밖에 없었지요. 그게 안 맞더라고요. 시간과 공간과 역사적 내용, 그런 게 잘 안 맞더라고요."

- 그 뒤에 전후 사정을 알아보고 자료를 찾아보고 하니까….
"그 정도로 해서 아버지 호적부도 떼고 이렇게 서류 내라고 하기에, 서류를 꾸며서 법원에다 제출을 했어요. 그게 벌써 오륙 년 세월이 넘었네요. 서류를 냈더니만, 글쎄 가서 보니까 아버지 사망날짜부터가 틀렸다고 하더라고요. 호적에 1951년도로 되어 있습디다. 아버님 돌아가시고 나서 근 십 년이 넘도록 그대로 흘러갔던 겁니다. 그 뒤에 이제 집안 어른들이 아버지 사망신고를 해야 된다고 말씀들 하시니까, 어머님이 구장을 집에 좀 오시라고 했지요. 그때는 또 단기를 쓸 때거든요."

- 헷갈린 건가요?
"헷갈리지요. 단기를 서기로 바꿔야 되니까 손가락으로 짚어보고 해서 계산을 해야 되지요. 그래서 구장이 사망신고를 한 게 호적부에는 1951년도 10월입니다. 그래 시기며 이런 게 너무 틀려서, 내가 정확한 것을 알기 위해 경향각지로 다녔어요. 내 동생하고 같이. 경향각지에 아버님을 아는 식자분이 있는 몇 군데를 찾아다녔어요. 그렇게 해서 인우보증을, 증언을 내가 다 받았어요. 그러니까 아버지 역사에 대해서 구십 몇 살 되신 분들이 다 이야기를 해 주시더라고요. 그래가지고 어느 정도 문맥을 정리하게 되었어요."

- 예. 그렇게 부친께서 억울하게 희생되고 난 뒤에 남아있는 가족들이 살아가는 데 어려움이 많았겠습니다.
"많았죠. 말도 못하죠."

- 고생 많이 하셨겠네요.

"피눈물이 나요. 세상에 말할 데도 없고, 말할 수도 없고, 말을 해서도 안 되고…. 오로지, 그 아버님의 명예와 위상을 지키느라고, 사십 년, 오십 년, 육십 년에 가까운 세월을 입을 딱 다물고 살았죠. 그래가지고 우리가 장성을 해서…."

- 장성을 해서 취직을 하고 할 때 어려움은 없었습니까? 연좌제 같은.

"취직을 하고 사회에 진출을 하려니까 전부다 부정적인…."

고마운 경찰관, 야들이 뭔 죄가 있노?

- 신원조회?

"신원조회 걸려가지고 안 되는 거예요. 내가 육군사관학교를 가려고 하는데 신원조회에서 일차 거부를 당했어요. 내 세 살 아래 동생이 있어요. 1948년생인데. 이 동생이 부산에서 고등학교를 마치고 서울서 대학을 마쳤어요. 그래 KBS에 시험을 쳤어요. 한 이백 대 일의 경쟁을 뚫고 들어가기는 갔는데, 그 당시 아홉 명인가 됐지요. 아마."

- 합격했는데?

"합격은 했는데, 경찰서 신원조회가 왔는데 안 된다고 하더랍니다. 그래서 그 소리를 듣고 어린 나이지만 용기를 내서 경찰서로 찾아갔어요. 우리가 무슨 죄가 있느냐고…."

- 고성경찰서?

"예. 가서 내가 막고 울고불고 난리를 친 적이 있습니다. 그때 경찰서장이 한덕택이란 분인데, 아주 강력한 분이었어요. 함양인가 산청인가 그쪽에서 부임해 온 서장으로 알고 있는데, 내가 울고불고 해도 안 된다는 거예요. 그래서 일단 집에 돌아 왔다가 그다음날 또 갔습니다. 우리가 무슨 죄가 있습니까, 동생을 위해서 한번 봐 달라 하면서 통사정을 했어요. 울면서. 그러니까 경찰관 한 분이 오시더니만, 그 조사를 맡은 경찰에게, 이 애들이 무슨 죄가 있노, 내 이 애들 전부다 알고 저거 아부지 저거 어무이도 다 잘 알고 있는데, 이 애들은 죄 없다, 야들 좀 클 수 있게 봐줘라, 야들이 보통 애들이 아이다, 잘 좀 봐 줘라, 아무개야, 이러시더라고요. 그래가지고 하여튼 잘 봐 줬는지 기록을 넘겼는지…. 그 뒤에 KBS에서 면접을 보고 합격되었다고 오라 하대요. 그래 동생은 KBS 2기생으로 취직이 되고 그랬어요."

- 그래 고마운 그 형사 분이 성함이 어떻게 됩니까?
"그분이 양천 허씨로 함자가 허일호입니다. 그래 오죽했으면 한참 세월이 흐른 뒤, 내가 농업협동조합 조합장 할 적에 그분 아들을 내 사무실에 데리고 와서, 그 아버님의 고마운 정을 사랑으로 갚았던 그런 일도 있었지요."

나를 키운 스승 새마을운동

"그래 그분 덕으로 우리 동생은 취직이 됐지만, 이제 세상 돌아가는 것 보니까, 이제 나는 취업을 한다든가 이런 것은 엄두도 못 내겠다는 걸 알게 됐지요. 그 시기에 재건국민운동이며 또 새마을운동이란 게 생기고 그랬는데, 나는 새마을운동을 영원토록 하면서 고향에서 뼈를 묻겠다, 그런 생각을 했어요. 그래 어머니 모시고 고향에 주저앉게 되었지요."

- 그럼 새마을운동에 초창기부터 참여하신 거네요?
"예. 내가 69년도 5월달에 군에서 제대를 했어요. 강원도 3사단 백골부대에서 제대를 하고 난 뒤에 딱 각오하고 여기에서 뼈를 묻겠다, 결심을 했지요. 그때 4H구락부도 있었고, 재건국민운동도 있었고 그랬는데, 거기에 참여해 한 6개월 있으니까 새마을운동이라는 게 태동을 한다고 그래요. 그래서 1월 1일 자로 동네 마을회관에 나가서 새마을지도자로 자원을 했어요. 내가 제1차로 했어요. 아마 그때 경상남도에서 제일 빨랐을 거요. 일차로 내가 자원을 해서 새마을 지도자 하겠습니다, 봉사와 희생정신으로 하겠습니다, 하고 지내는데, 그해 1970년도 4월 1일부로 대구 지방장관회의에서 김학열 경제부총리, 박정희 대통령이 참석한 가운데 우리나라 새마을운동을 공식적으로 발표를 했다 그래요. 그래서 정식으로 새마을 지도자로 등록을 하고 그랬습니다."

- 그야말로 1기생이시네요?
"예. 그때부터 내가 새마을운동을 보람되게 했습니다. 삼십 년 간을 새마을 지도자 생활을 했습니다. 완전 무보수 봉사와 희생정신으로써 단일원도 보수 안 받고 했습니다. 완전히 그냥 희생과 봉사정신으로 했습니다. 그 뒤에 나는 새마을운동을 하면서 세계적 새마을운동, 대한민국 새마을운동 홍보요원도 되고, 홍보대사도 되고, 또 세계 각국을 돌면서 우리나라 외교관, 영사관 있는 데 가서 그 사람들에게 좋은 교육도 시키고 그런 일을 했습니다. 하여튼 제 인생에서는 재물, 물질적으로는 얻은 게 없지만 정신적으로는 바로 오늘날의 내가 되기까지 나를 키운 스승과도 같은 게 새마을운동입니다."

- 예. 그렇군요. 앞의 얘기로 다시 돌아가겠습니다. 선친께서 아까 말씀하신 대로 일제 때 항일독립운동을 하시다 감옥에서 고초를 겪으셨는데요. 그 뒤에, 여기 보니까 액자가 걸려 있네요. 애국지사청송심재인 건국훈장애국장추서, 라고 되어 있는데 이 서훈을 받은 거는 언제입니까?
"그러니까 그게 광복 45주년 되는 날에 받았는데 그게 서기로 1991년도 광복절 날에 받았습니다."

- 예. 선친께서 항일운동을 한 애국지사이신데도 오히려 해방된 나라에서 억울하게 희생이 되는 역설적인 일이 벌어졌습니다. 아까 말씀하신 진실화해위원회에 진실규명 신청을 하셔서 조사결과를 통보받으셨지요?
"예. 그때가 노무현 대통령 시절이죠. 진실규명 되었다는 조사결과를 받았어요."

- 그 뒤에 유족회에도 참여하시고 또 민사 소송도 하시고 그랬겠네요?
"그렇죠. 일단은 연락 오는 대로 다 참석을 했어요. 무엇 때문에 죄목도 정하지 않고 어떻게 돌아가시게 됐는지, 그것이라도 진실을 알고 싶다, 그런 거였지요. 이래가지고 진실화해위에서 하는 일에 적극적으로 관심을 가지게 되고, 또 거기에 대해서 부름이 있거나 도움이 필요할 시에는 항시 응하고 그랬어요."

건국훈장 애국장 받은 항일지사도 학살돼

- 항일운동을 하신 애국지사인데 해방된 나라에서 억울한 죽음을 당하시고 해서 참, 말로 표현할 수 없이 힘들고 안타까운 일입니다. 지금까지도 명확하게 해결이 된 게 아니지 않습니까?

"예."

- 이 문제가 앞으로 어떻게 되었으면 좋겠는지 바라시는 바가 있으시면 말씀해 주십시오.

"그래서 제가 몇 년에 걸쳐서 조사를 했어요. 내 밑에 올해 예순아홉 살 먹는 동생하고 힘을 합쳐서 몇 개월 동안 경향각지에 아버님을 알고 역사를 아는 나이 많은 분들을 찾아가서 자문을 받았습니다. 그래서 견주어 보니까, 하여튼 억울하고 부당하게 아무 근거도 없이 돌아가신 거는 틀림이 없어요. 너무나 황당무계하고 억울한 죽음이 아닙니까? 시대적으로 뭐 북한에서 밀고 내려온다고 해서 국가 공권력이 이 사람들로 인해 어떤 혼란이 올 거라는 상상적 추리를 가지고 막무가내로 일시에 다 죽었다는 거잖아요. 국가는 응당히 유족들에게 어느 정도는 위로 차원에서라도 정신적 물질적 피해를 감당해야 한다고 봅니다. 지금 현재 이 순간까지 출세는 고사하고,

1991년 아버지께 추서된 건국훈장애국장.

떳떳한 사회인으로서 인간다운 행세를 하지 못하고, 칠십 평생을 가슴 졸이며 살아온 것은 엄연한 사실입니다. 그리고 심지어는 하루빨리 국가가 나서서 진실을 밝히고 명예회복을 해주지 않는다면, 제일 두려운 것이 우리 후손들에게 떳떳한 역사를 바로 가르쳐주고 바르게 물려줄 수 있는 현실이 안 되지 않느냐 하는 것입니다. 국가는 여기에 대해서 응분의 책임을 지고 위로 차원의 보상을 해야 됩니다. 그래서 우리 민족, 우리나라도 세계에서 막강한 경제대국이 되고 남북통일을 해야 안 되겠습니까? 해방 뒤에 남북관계만 이리 안 되었어도 이런 역사적 비극이 태동을 안 했을 것입니다. 소련과 미국의 어떤 국가적 판단과 정세에 의해서 우리 조국이 이렇게 두 동강 나다보니까, 결국 남는 것은 우리 민족의 애환과 비통함만이 남았거든요. 이런 것을 하루빨리 상쇄하고 진정한 남북통일을 우리가 바라는 의미에서도, 이 문제가 하루빨리 국민화합 속에서 정리가 잘 돼야 합니다. 그래야 이 나라가 앞으로 세계로 뻗는 부강한 나라가 되는 데도 하나의 밑거름이 되지 않을까, 이렇게 생각합니다."

- 예. 좋은 말씀 감사합니다.

그질로 가가 안 온다 아이요

■ 증언자: 이귀순 (1928년생, 희생자 황치영의 아내)
■ 증언 날짜: 2015. 4. 23.
■ 증언 장소: 경남 창원시 마산합포구 진전면 곡안마을 자택
■ 희생 당시 살던 곳: 경남 창원군 진전면 곡안리

화물차 타고 시집가다

- 옛날이야기 들으러 왔습니다. 담배도 태우시고 아직 정정하시네요?
올해 할머니 연세가 어떻게 됩니까?
"팔십 여섯. 정정하모 뭐 할 꾸고? 안 가는데. 가야 될 낀데…."

- 아이고 무슨 말씀을….
"불쌍한 인간 아이가! 스무남 살 먹어서 신랑 가고 없으니까…."

- 세월이 흘러 다 잊고 사는데 아픈 기억을 들으러 와서 죄송합니다.
"이제 아프지도 안 하고, 기억도 잊어버리지 뭐 할 거고…."

- 그러면 결혼은 언제 하신 겁니까?
"결혼은 열일곱 살 묵어 했거든. 난리난다고 일본 사람이 잡아 간다고
이래 하니까 일찍이 결혼을 시켰다 아이요."

- 그럼 결혼하실 때 할머니는 어디 사셨습니까?
"진북면 배목이라 하는 데 살았거든."

- 거기 사셨는데 이쪽 마을로 시집을 오신 거네요?
"그래 이리로 시집을 안 왔나. 우리 시고모가 중신 해가지고 왔어."

- 그럼 결혼식은 어디서 했습니까? 거기서 오실 때 걸어 오셨습니까?
"여기 올 때 화물차 대절해서 타고 안 왔나. 이개 때문에…. 농 아있나?
그거 신고 온다고 그래 화물차 대절 안 했나."

- 예. 그럼 집은 어느 집이었습니까?

"내나 이 집이지. 지금 집은 우리 딸이 여기 오면서 새로 지어서 그렇지 옛날에는 다 초가였지."

그질로 가가 안 온다 아이요

"그래 왔더마는 취직해서 어디 다닌다고 하대.

- 어디 다닌다고요?

"그 뭐꼬? 소방서 다니대."

- 어느 소방서에 다녔습니까?

"마산에."

- 마산소방서요? 여기서 엄청 먼데요. 어떻게 출퇴근을 했습니까?

"그때는 걸어 다녔지. 아침에 갔다가 저녁에 오고…."

- 걸어서 오고? 그럼 결혼하실 때가 해방되기 전이지요?

"왜정 때지. 우리 그때는 일본말 많이 배웠거든. 그러니까 지금도 일본말 조금씩 하지. 그래 소방서 다니다가 사변이 나서 그랬는지 거기를 막살했거든. 저 원리에 저수지 만드는데 거기 또 일하러 댕기는 거라."

- 어느 저수지?

"고성 쪽인데 거기에 또 일하러 댕기고 그랬어. 거기 가입하면 군에도

이귀순 본인.

안 가고 좋단다, 내 가입 할란다, 그래 그 가입을 했어. 그래 어느 날인가, 내 저녁때 일찍이 와서 소 찾으러 가꾸마, 이러대. 그런데 소 찾으러 오지도 안 하고…. 그질로 가가 안 온다 아이요."

- 누가 뭐라고 하면서 가입하라고 했답디까?
"지서에서, 군에도 안 가고 좋다고 가입을 하라고 했는 거라."

- 지서에서? 어느 지서를 말합니까?
"그래. 저 오서리에 있는 진전지서지."

- 그게 나중에 알고 보니 보도연맹이었네요?
"하모. 보도연맹인지도 모르고, 군에도 안 간다고, 그래 꼬여서…."

- 그래 가입하고 난 뒤에 전쟁이 터졌네요?
"그렇지. 그래 나니까 안 오는 거지. 그러니까 빨개이로 말린 거지."

- 그래가지고 지서에서 불러서 갔을 때가 언제입니까?
"나는 스무 살 묵었고 스물한 살이고 그랬지. 한 살 더 묵었으니까."

- 그때 나갔을 때가 음력으로 언제입니까?
"유월달인데 유월 초순쯤 됐을 거라."

- 그래 어디로 갔습니까? 지서로 바로 갔습니까?
"오서지서로 가서 그러고 난 뒤로 안 온다카이."

- 경찰이 데리러 왔습디까?
"오데요. 고마 전부 본인이 안 갔소."

- 그럼 이 동네는 몇 명이나 갔습니까?
"그때 이 동네서 열인가 그리 갔을 거라. 그 가면 좋다고…. 막 좋다고
갔지. 뭐."

- 좋다고요?
"하모. 가모 뺄개이도 물새해 주고 군에도 안 보내고 좋다고 하면서…."

- 지서에서 뭐 한다고 오라 했습니까?
"뭐 하러 오라고 했는지 그건 모르겠고…. 지서 간다 하대, 그래 뭐 하
로 가노? 오라 하는데 가보지 뭐. 군에도 안 보내고 좋다고 하니까….
내 저녁때 소 찾으러 오꾸마, 그리고는 지서로 갔지."

- 소 찾으러? 소가 어디 있었는데요?

"소를 몰고 저 실안골이라고 그 못 위에 가서 꼬빼기 끌러 놔두면 점도록 풀을 뜯어묵고 있거든. 그러면 저녁때 가서 지끼미 소 몰고 오고 그랬지. 그 당시에 우리는 소는 한 마리 키웠지."

- 그럼 멀리 가는 것도 아니고 옷차림도 그냥….
"그냥 잠깐 다녀온다고 맨몸으로…. 그런데 이리 안 온다…."

아재, 우리는 가요이….

- 그때 동네 사람 여러 사람이 갔는데 다 안돌아왔네요?
"그래 가서 세 사람이 왔어요. 어찌 돌아왔나 하모 그 사람들은 오서 면장하고 관련이 있어서 면장이 빼냈다 하대. 그때 면장이 박 뭣인데 이름이 기억 안 나네. 그 면장이 세 사람을 빼냈다는 그런 말이 있대."

- 그러면 돌아온 사람은 누구누구 입니까? 성씨가 어떻게 됩니까?
"김씨가 둘이고 이씨가 있고…. 이씨 그 할배는 옛날에 면장 했거든. 이전에 면장 하다가 막살하고 딴 사람이 면장을 하고 있었거든. 그래 그 할배 하고 세 사람만 오고 다 안 왔지."

- 그 김씨 두 사람 중에 한 분은 김영상이란 분 아닙니까?
"와이라. 또 한 사람은 김돈수인가 그래."

- 김돈수. 이씨 한 분, 면장한 분은 이름이?
"그 사람도 옛날에 면장 했거든. 그 사람 이름이 안 생각나네. 그도 면장 했고 돈수도 면장 했고…"

- 진전면장요?
"하아. 그래 김돈수라는 양반이 돌아와서, 우리를 다 오라고 하대. 그래 자기 집으로 가니까, 그래 그 할배가 그러는 거라. 만약에 안돌아 오거들랑 몇일날 몇일날 제사를 지내라, 그라데. 그때 나가는 사람들이, 아재 하는 사람, 행님 하는 사람, 그래 부름시로, 우리는 가요이…. 이러더란다. 그래 보니까 배를 타고 가더라하네. 그래 갖다 내삘라고 그런 거겠지. 그래 만약에 안돌아 오면 제사를 그날그날로 지내라…"

- 그날이 언제 언제입니까?
"음력으로 초열흘인데 우리는 그날 지내라 하고, 딴 사람들은 또 그날 지내라 하고 그라데. 그래 한목에 다 안 가고 두 번을 갔다고 하대."

- 그럼 지서에서 어디로 갔다 합디까?
"마산형무소로 가서 거기서 그리 보냈다 하대."

- 그럼 김돈수 이 분도 마산형무소까지 갔다가 거기서 나왔네요?
"세 분 다 그래. 세 분은 와가지고 얼마 안 있어서 다 세상 버렸지."

피란생활

- 그럼 그때 마산형무소로 넘어갔다는 말은 그 당시에 들었습니까?
"그래 피란을 갔다 오니까 그 아저씨가 얘기하대."

- 지서로 가고 얼마 있다가 피란 갔습니까? 이내 피란 갔겠네요?

"난리가 나서 포를 때리고 그러니까 우리는 저 실안골에 갔거든. 그래 거기서 피란하고 있는데, 저 산 너머 금암 거기는 괜찮다고 해서 우리 시숙모하고 시삼촌하고 같이 갔어. 그런데 거기도 사람들이 다 도망을 가버리고 아무도 없는 거라. 얼마나 급했는지 보리쌀 씻다가 가고 없 대. 그래 또 저 고성 쪽으로 가자고 해서 거기로 갔거든. 그래 저 구만 이로 가는데, 오데로 오데로 산을 넘어서 걸어서 가는데, 세 살짜리 우 리 큰딸을 업고 가는데 겁난다고 울고불고 난리였지…."

- 고성 구만으로 갔네요?

"구만 화촌이란 데 가서 피란을 했거든. 거기는 군인이 안 들어와서 난 리가 안 나고 피해가 없었어. 그런데 빨개이들이 부자사람들 그런 사 람을 여럿이 죽였다 하대. 그래 우리가 거기 가니까 말키 죽었담시로 그러데. 그 뒤로는 별일이 없었어. 그래 피란을 하고 있는데 남의 집에 장 있으려고 하니까 힘들고 그래서 양식을 가지러 온다고 내하고 우리 시삼촌하고 우리 동네에 오니까 그런 말을 하는 거라. 지서 간 사람들 못 온다고 하대. 그래 이날 이적이 못 오는 거 아이가."

- 전쟁이 나가지고 북한 인민군들한테 피해를 입은 건 없습니까? 인 민군들이 사람을 해치고 그런 거는 없었습니까?

"사람을 해치고 그러지는 안 하데. 닭 도라 해서 닭 주고, 쌀 좀 도라 하모 쌀 좀 주고…."

- 이 근처에서 미군들 하고 전쟁을 많이 했잖습니까?

"그래서 인민군들이 많이 죽었지."

성주이씨 재실의 비극

- 전쟁 때 이 동네 피해가 많았지 않습니까?
"이 동네 불 다 질러버리고 없더라고. 집이 다 타버렸어."

- 집은 누가 불태운 겁니까?
"미국사람이 와서 질렀다 하대."

- 미군들이 동네를 다…. 동네 재실에서 많이 돌아가셨잖아요?
"거기는 이가들이 많이 가 있었지."

- 그럼 그때 이 동네에 몇 호나 살았습니까?
"이 동네가 컸었지. 백 가구 안 넘었을까. 위에는 김촌이고 저쪽은 이
촌이고 그랬는데, 광산김씨가 살고 이쪽은 성주이씨가 살고 그랬어."

- 그럼 그때 이 동네에 있었습니까?
"우리는 이가가 아니니까 재실로는 못 갔지. 이가들 재실이라서 이가
들만 가 있었어. 우리는 실안골에 가 있었지. 이가들은 재실에 가고….
옆집에 황점순이는 머스마가 둘인데…."

- 하나 아니고요?
"둘 아이데요. 하나는 이질을 해서 먼저 죽었어. 그래 재실에 피란하고
있는데, 재실 옆에 밭에서 점순이가 애 젖 먹인다고 있는데 포가 날아
와서 터져가지고 점순이는 전신에 피가 낭자하고…. 그래 옆에 사람이
업고 저 물가까지, 고현까지 업고 갔어. 그 당시에 이 동네 사람 한 사

람이 미국에 있다가 와서 미국말을 잘했어. 그래 그 사람이 어찌 얘기를 해서 미국사람 병원에 점순이를 데려가서 거기서 나아서 안 왔소."

- 미군들 병원에 갔네요?
"그래 참 나아서 저래 사네요. 인제 나이가 구십인데 다리가 좀 아프고 그래도 잘 다녀요."

- 실안골에서는 피해가 없었습니까?
"거기서는 없었지. 그래 있는데, 미국사람이 와서 내려오라고 해서 말키 동네로 내려왔다가, 저 능지물로 가서, 거기서 또 거제로 피란을 갔지."

- 거제로? 거기서 배 타고 거제로 피란을 갔네요?
"그렇지. 나는 걸어서 고성으로 갔지."

- 그럼 이 동네 사람들 대부분은 배 타고 거제로 피란을 갔네요?
"그렇지. 우리 시모님도 그리로 가서 피란을 하고 오셨대."

전쟁통에 풍비박산 난 동네

- 그래 피란 갔다가 동네에 돌아오니까 어땠습니까?
"집이 어디 있노. 불나서 다 타버리고."

- 담만 소롯이 남았겠네요? 그때 다 초가집이니까.

"그렇지. 장독간 그릇도 다 깨져버렸고 아무것도 없었어."

- 동네에 폭탄이 떨어지고 그런 건 없었고요?
"폭탄이 떨어졌길래 다 박살이 났지. 불타버리고…."

- 인민군들이 이 동네 들어오지는 않았습니까?
"피란 갔다 오니까, 인민군이 들어와가지고 저 숲에 죽어있대. 거기에 죽어서 상해가지고 뼈가지만 남아 있대. 밭에 고추도 심고 그때는 목화도 많이 심고 그랬는데…. 그래 밭에 가는데 인민군들 죽은 영장이 꽉 찼대. 어찌됐는지 그리 많이 죽어 있대. 그래 영장을 넘어서…. 길에 꽉 찼으니까 피해올 수도 없고…. 넘어서 안 왔나."

- 안 무서웠습니까?
"그때는 무서운 줄도 모르고…. 악이 오르니까 안 무섭대. 우리 논이 저 소달들에 있고 저 용대미라 하는 데도 있고 해서 거기 가려면 안 넘어갈 수도 없고…. 우리 시삼촌이 막을 지어 가지고 그래 안 살았소. 그 이전에는 머슴이 있었지만 머슴도 없고. 집을 지을 사람이 오데있소? 피란 갔다가 동네에 먼저 돌아온 사람은 불에 안 타고 좀 남아있는 집에 가서 보리쌀도 가져오고 쌀도 퍼왔지. 그래 그거 묵고 살고…. 그러고 있으니 나락이 익었더라고. 거기다가 훝터서 말려가지고 그래 밥을 해묵고 안 그랬나. 그로그로 기계가 나와서 발로 디디모 타작이 되고…. 그래가 우리가 안 살았습니까."

- 그 당시에 몇 마지기나 지었습니까?
"그때는 우리가 농사가 제법 많았어. 열서너 마지기 지었어. 내 와서 시아바이 세상 베리고 머슴 둘 데리고 영감하고 농사짓고 살았어. 그래 농사 한 거 공출 내라고 해서 공출 안냈소. 일본 사람이 공출 내라 해서 내고 남은 거는 우리 식량 하고…. 그러다가 전쟁 나서 영감 가버리고…."

- 그러면 피란 갔다 와서 사실 때는 가족이 어떻게 됐습니까? 아까 딸이 있다고 안 했습니까?
"큰딸은 피란 갈 때 세 살이고 작은딸은…. 오월달에 아가 들어섰든가 유월달 되니까 입덧이 나는 거라. 그래 아들인가 했더니 또 딸이라…."

- 그러면 어린 딸 둘하고?
"딸 둘 하고 시어마이 하고 그리 안 살았나. 농사지어 가면서…."

- 어린 두 딸을 데리고 사는 게 힘드셨겠습니다. 일도 많이 하셨네요?
"논 여섯 마지기를 가리질 다 하고…. 가리질 아나? 보리 타작 할 때 도리깨로 보리를 뚜드려가 태산같이 모아난 거를, 가래로 보리를 하늘로 퍼올려 날려야 돼. 쭉정이하고 꺼부지를 날려 보내는 거라."

- 아, 바람에 날린다고요? 그런 거를 가리질이라 하네요?
"나무로 넙덕하게 만든 가래로 날리는데…. 아이구, 내만치 고생한 사람 없다. 그래 내 허리가…. 이전에 가리질을 많이 해서 그런 거라."

- 도리깨질은 안 하셨습니까?
"도리깨질은 안 해봤어. 가리질만 했어. 도리깨하고 논매고 그런 거는 머슴들이 하고 그랬지. 그래그래 이때까지 이래 살고 안 있소."

위령비는 국가에서 세워야지

- 최근에 진상규명한다고 할 때 말고 그 이전에는 따로 들으신 이야기가 없으시네요?
"그래 그 뒤에 또 뭐 제사 지낸다고 하던데 그때는 안 갔어. 가면 뭐할거고 싶어가지고."

- 살아오시면서 그것 때문에 힘든 것은 없었습니까? 남자들 같은 경우에는 연좌제라든지 이런 거 때문에 공무원도 못되고 뭐 그런 게 있었지 않습니까?
"왜 없어. 있었지. 우리 애들은 학교나 다니고 그랬지만 그때 취직 못한 사람 더러 있었지. 우리 동네 아들네들이…. 중태, 용문이 그런 애들이 취직도 못 하고 그랬지."

- 그분들은 다 동네 후손들입니까?
"아들네들이지."

- 또 세월이 많이 흐르고 난 뒤에, 2006년도에 진실규명 한다고 할 때 신청하셨지요? 그래가지고 희생되었다고 연락받으셨지요?
"받았지. 그런데 개코 주지도 않는데…."

- 딸 둘 혼자 키우신다고 참 애를 많이 쓰셨겠네요?
"그때는 우리 시모님 계시고 그랬는데…. 작은딸은 고등학교까지 나왔고 큰딸은 중학교 나왔고 작은딸은 나하고 같이 살고 있지. 큰딸은 저밑에 회관 옆에 큰 기와집 살고…."

- 그래도 동네에 다 사시니까 좋겠습니다. 앞으로 어떻게 했으면 좋겠습니까?

"어떻게 해. 뭐 내 좀 살게 돈이나 좀 가져오면 좋겠다…. 하하."

- 또 위령비도 세우고 해야 할 거 아닙니까?

"위령비는 국가에서 세워야지, 내가 말로 세울 거고…. 그래도 꼭 세워서 억울하게 희생된 혼령들을 우리가 위로해야지. 그렇게 죽은 사람이 하나 둘이가…. 다시는 그런 일이 없어야 될 거 아이가?"

- 예. 말씀 고맙습니다.

아버지 명예회복은 당연한 도리

■ 증언자: 이동주(1947년생, 희생자 이상규의 아들)
■ 증언 날짜: 2015. 4. 8.
■ 증언 장소: 부산 금정구 회동동 유성산업사 사무실
■ 희생 당시 살던 곳: 경남 창원군 진해읍 해군사령부 내 2호 관사

오사카 상선학교, 해양경비대

- 안녕하십니까? 부친께서 해군 장교로 근무하시다 희생되었다고 들었습니다. 그 이야기를 해 주시면 고맙겠습니다.

"예. 아버님은 원래 통영에서 출생하셨는데 초등학교를 졸업하시고 일본에 들어가셨다 그래요. 지금 말씀드리는 학력 관계나 이런 거는 숙부님한테 들은 이야기입니다. 그래 일본에서 오사카 상선학교를 다녔다고 그래요."

- 상선학교….

"요즘 같으면…. 당시로 봐서는 전문학교 정도 되겠지요. 거기서 열아홉 살 때 일등항해사 자격을 취득했다 그래요. 그리고는 일본에서 취업해서 다니다가 우리나라가 해방이 되면서 귀국을 하셨답니다. 그런데 당시 군에서 해양경비대를 만드는 데 인력이 필요하니까 수소문을 해서 아버지에게 군에 입대하도록 권유를 했다고 그래요. 그래서 해군에 들어가게 되는데, 처음에는 해양경비대였죠. 이제 입대를 하게 되었는데…. 당시에는 항해술을 가지고 선장을 할 만한 사람이 드물었답니다. 더구나 해군 함정은 상당히 큰 배인데 함장 정도를 맡을 만한 사람이 없었답니다. 그래서 아버지에게 해양경비대를 창설하는 데 일역을 담당해 달라고 해서 같이 참여하게 되었답니다. 그때는 아직 사관학교 체제가 안 갖춰져 있을 때니까 해군 사관생도 단기과정이었겠죠. 거기서 군사훈련도 받고 해서 임관을 하고는 해군 생활이 시작된 거죠. 아버지가 업무에 월등했다고 그래요. 뭐든지 출중했다고. 당시 미군 고문관도 있었는데 고문관들한테도 인정을 받으면서 진급도 빨랐답니다. 그러니까 25살에 입대해서 29살에 해군 소령이 되었으니까요."

- 그럼 부친께서 해방되던 해에는 몇 살이었습니까?

"해방되던 해에 25살이었죠. 1920년생이니까요."

- 예. 그때 부친께서 결혼하셨을 때입니까?

"그때는 결혼을 안 했죠. 군에 근무하면서 아마 결혼한 것 같아요. 제가 47년 1월 16일생이고 동생이 48년 12월 13일생이니까요. 그러니까 일본에서 귀국해서 군에 입대하고 나서 결혼을 하게 된 거죠. 그래 스물아홉에 소령이 되었어요. 그래 당시에 함정부장을 맡았다고 합니다. 미국에서 들어오는 중고 군함이나 그런 배를 수리해서 진수시키는 역할을 하는 직책이었다고 해요. 그 당시에 어디 거주를 했느냐 하면, 진해 관사 2호 관사에 숙소가 있었다고 하더라고요."

- 진해 해군 통제부 내에?

"안에. 거기 2호 관사인데…. 그 관사가 여러 동이 있는데 상당히 넓었답니다. 그래서 큰 동 하나를 한쪽은 미군 고문관이 쓰고 한쪽에서는 저희 가족이 살았다고 합니다."

강직한 성품의 군인

"당시는 우리나라가 이념적으로 갈등이 많을 때니까 좌우 이런 거 때문에 상당히 혼란스러웠지 않습니까? 그런 상황에서 아버지는 김구 선생을 추앙했다고 합니다. 또 김구 선생 역시 아버지를 총애하셨다고 해요. 그러다 보니 정치적으로는 김구 선생의 한독당, 즉 한국독립당 계열에 서게 되었다고 합니다. 이승만 계열이 볼 때는 김구 선생이 정

이동주 본인.

적이다 보니까, 그쪽에 줄을 선 사람들에 대해서는 못마땅하게 생각했겠죠. 사실 그런 역사 기록이 많은 걸로 알고 있어요. 그리고 아버지가 아주 강직한 성품이었다고 합니다. 또 부하들한테는 상당히 잘했고 그래서 부하들도 많이 따랐다고 해요. 하지만 상사라 하더라도 부당한 지시나 부당한 요구에 대해서는 거부하는 그런 성격을 가지고 계셨다고 합니다. 또 당시에 해군참모장은 손원일 제독인데 그 사람은 일제시대에 원래 독일에서 상선을 탔었다고 합니다. 그래서 배도 몰지도 못하는 사람이, 항해도 못 하는 사람이 어떻게 해군 참모장을, 해군의 제일 우두머리가 되느냐 하는 그런 불평을 아버지가 좀 많이 했다고 하더라고요. 그런 게 간접적으로 전달이 되니까 참모장 하는 사람은 결국 싫었던 거겠죠. 그리고 미군들한테서 상당히 실력을 인정받아서 승승장구하니까 그것도 눈에 가시가 된 거라고 합니다. 그러니까 손원일 참모장은 서울에 있으면서 중앙정부와 정책적으로 움직였다면 아버지는 진해에서 실무선에서 움직였던 겁니다. 진해 해군사령부에서 해군 함정

아버지 명예회복은 당연한 도리

부장과 함장 등의 임무를 맡다 보니까 중앙 하고는 거리가 먼 대신에 실무선에서는 상당히 두각을 나타내는 그런 상황이었다고 합니다."

정대사령관으로 여순사건 진압작전 참전

"그런 차에 여순사건이 발생했습니다. 그 여순사건을 진압하러 정대 사령관으로 아버지가 나가게 됩니다. 인터넷에도 보면 아버님 성함 넣고 검색하면 나올 겁니다. 부산일보나 이런 데도 보면 나옵니다. 전투를 하러 갔었는데, 육군을 실어다가 풀려고 하니까 상당히 어려웠답니다. 배를 타 본 경험이 없는 사람들이 배를 타고 전투를 하기가 힘이 들고 또 저항이 너무 세다 보니까 상륙하기가 힘들었답니다. 그런 상황에서 저쪽 저항하는 쪽에서 날아온 총알이 아버지 귀를 스치고 지나가서 살았답니다. 그래서 바로 상륙을 하면 많은 희생자가 생길 것 같아서 몇 차례 들어갔다 나갔다 했답니다. 그런 상황이었는데, 당시 공정식 해병대 사령관 하는 사람들은…. 그때 공정식은 대위였다고 합니다. 그 사람들은, 이유는 모르지만 지원이 늦게 왔다고 하거든요. 그런데 그게 그냥 무작정 가지 않은 것이 아니고 희생을 최소화하기 위해서 한 것이라고 합니다. 그래 아버지가 들어가서 수습을 하는데 막상 여수 순천에서 잡혀서 들어온 사람들이…. 아버지가 옛날 해군에…."

- 그 14연대 반란사건이 진압되고 난 뒤에 잡혀 온 사람들이?
"그렇죠. 순천이 수습되면서 잡혀 온 사람들이죠. 그래 아버지가 보니까 옛날에 고기 잡던 사람들이더라는 겁니다. 그래 아버지가, 이 사람들이 왜 빨갱이냐, 빨갱이 아니다, 하시며 아버지 직권으로 풀어줬대요. 그렇게 풀어준 것도 위에서는, 이거 이상한 놈 아니냐, 그런 식으로 본 거죠. 아무튼 그렇게 사건을 수습하고 오셨는데, 어머니 말씀은, 기분이 상당히 좋아서 돌아오셨다 하더라고요. 곧 중령 진급을 할 것이다, 모자하고 양복하고 견장하고 다 갖춰져 있다고 하더라, 하시며 기분 좋아 하시더래요."

- 그 사건을 수습하는 데 큰 역할을 하신 거네요?
"그렇죠. 본인은 그래 생각을 하고…. 진급을 한다는 소스를 어디서 들었다는 얘기죠. 그랬는데 그 이후에 시간이 지나고 난 뒤에, 방첩대인가 정보대인가 하는 사람이 와서, 형님 좀 봅시다, 해서 고무신을 신고 따라 나갔다고 합니다."

6개월 동안 행방 몰라

- 지금 선생님께서 저한테 말씀해 주시는 거는 돌아가신 어머님의….
"예. 어머님의 기억이 주이고 그다음에 외숙부님의 이야기, 주로 두 분의 이야기를 종합해서 말씀드리는 겁니다."

- 그래가지고 그 방첩대에서 와서는요?
"형님 좀 봅시다 해서 따라간 뒤로는 행방을 몰랐다는 겁니다."

- 그때도 진해에 살고 계실 때죠?
"진해 관사에 살 때죠. 통제부 안에 살고 있을 때인데…. 그래 사람이 안 들어오니까 어머니가 불안한 거잖아요? 그래서 부대에 가서 물어봐

아버지 이상규.

도 아무도 모른다 하더랍니다. 아무
도 모른다고 하더래요."

- 그럼 그때가 어느 계절이었다고 들
었습니까?
"어머님 말씀이 여순사건 끝나고 얼
마 안 되었다고 하니 겨울 아닐까 싶
어요. 고무신을 신고 식사 하시고 따
라 나가셨다 하거든요."

- 좀 추울 때겠네요?
"추울 때죠."

- 그럼 동생분이 48년 12월달에 태어났으니까 그전쯤 되겠네요?
"10월달에 여순사건이 났으니까 그렇게 볼 수 있겠네요. 그때 저는 태
어났었고 동생은 어머니가 가졌던 상태였다 하더라고요. 그런데 아무
리 수소문해도 사람이 안 나타나더랍니다. 모른다 하고 전혀 이야기를
안 하더랍니다. 어머님 고향이 부산이니까 부산 외가에다가 연락을 해
서, 신랑이 이리되어 있는데 알아봐야 되겠다, 알아봐다오, 이런 식으
로 하소연을 했는데…. 그게 6개월이 걸렸대요. 6개월 동안 행방을 몰
랐답니다."

- 현역 군인이 군부대 내에서 잡혀갔는데 행방을 모른다는 게 이해가
가지 않습니다.
"아무도 모른답니다. 그래서 6개월 후에 마산형무소에 계신 걸 알았답

니다. 영어의 몸이 되어 있었던 겁니다. 그동안에 사람을 문초를 한 거겠죠. 당시는 법이 어두울 때니까 고문도 있었을 수도 있고…. 온갖 고문이 다 있었지 않겠습니까? 그래가지고는 형무소에 있는 걸 알고는 면회를 하기 시작했답니다."

해안경비법 위반

- 어머니께서 면회를 하신 거네요?
"그렇죠. 그래 면회하기 전에는 전혀 사람 소식을 몰랐답니다. 더구나 재판하는 과정도 전혀 몰랐다고 하네요. 요즘처럼 변호사가 있다든지 또 가족이 입회를 한다든지 그런 게 없이 일방적으로…. 아마 그 당시에 거의 다 그랬을 거라고 추측이 됩니다. 최근에 서류를 보니까 거기에 여러 사람이 관련이 되어 있더라고요. 이번에 신청을 하는 과정에서 받아 놓은 게 있습니다."

- 재판서류 말씀이시죠?
"예. 판결문 같은 거죠."

- 그러면 부친께서 무슨 법에 근거해서 형무소로 가시게 된 겁니까?
"해안경비법 위반입니다. 그 해안경비법이라는 게 과연 존재가 있었는지를 모르겠어요. 그 당시에…."

- 제가 오기 전에 잠시 찾아보니까 그 당시에 국방경비법 하고 해안경비법이 정식으로 제정절차를 밟지 않은 법이라고 합니다. 이해할 수

없는 상황이 벌어진 건데…. 대한민국 국군이 생기기 전에 미 군정에서 안으로 만들어 놓은 거라고 합니다. 그런데 사람들을 구금하고 사형선고를 내려 많은 사람들이 희생되었다네요. 그 법에 의해 죽을 뻔하다가 살아난 사람이 대표적으로 박정희고 그 법이 완결성을 가지지 않은 상태에서 많은 사람이 희생되었다고 하네요. 논란이 될 수밖에 없는 것 같습니다. 해안경비법 위반으로…. 면회를 하시고는요?

"처음에는 사형선고까지 받았답니다. 어머니 말씀이 그랬는데, 소장에 보면 그런 내용은 없어요. 처음에 4년을 받았어요. 뒤에 감형이 되어서 2년으로 되어 있더라고요. 그건 제 눈으로 확인했어요. 제가 국가기록원에 가서 기록을 떼 와서 보니까 사형이란 말은 없었어요. 어머님은 처음에 그렇게 이야기를 하셨는데 기록에는 4년인데 감형이 돼서 2년으로 되어 있더라고요."

- 그럼 소위 해안경비법상에 어떤 조항 위반이라고 되어 있었습니까?

"그 당시에 인민해상군이라고, 그것도 실제로 있었는지 모릅니다만, 거기에 있던 사람들 중에 부하가 있었는데 방조를 했다는 거죠. 그러니까 졸병 중에 그렇게 불순한 사람이 있으면 고지를 해서 조치를 해야 되는데 알고도 모른 체했다는 얘기죠. 그게 죄목이었어요. 그리고 어머님이 이런 얘기도 했었어요. 여순사건 났을 때 부하가 쪽지를 전해준 게 있었답니다. 그 쪽지는 좌익 쪽에서 좀 잘 봐 달라는 식의 내용인데, 그걸 얘기해 버리면 많은 사람이 다치니까, 아버지는 그걸 보고는 찢어서 바다에 버리고 무시를 했답니다. 그런데 그거를 누가 밀고를 했대요. 전해준 사람을 잡아 족치면서 추적을 하니까 관련되어 있는 사람이 나왔겠죠. 그게 인민해상군인가 그런 모양이죠. 그런데 아버지는 순수하게 또 많이 다치겠구나 싶어서 혼자만 알고 찢어버렸다는 얘기를 어머니한테 들었어요. 그런 상황인데 일단 죄목은 해안경비법의 방조죄였어요. 그러니까 알고도 모른 체했다는 것인데, 그 죄목 중에 어떤 거는 무죄고, 어떤 거는 유죄로 되어 있더라고요. 그 소장에 형사 심판 한 거기에 그런 내용이 있습니다. 그리고 아버지가 참 운이 없었던 게…. 출감이 50년 9월 2일로 되어 있었습니다.“

- 출감예정일이?
"그런데 그전에 6.25가 나버렸어요. 그래 숙부님이나 친척들이 왜 사람을 안 내보내 주느냐? 하니까…. 이번에 민사소송할 때도 보니까 검찰 측에서는 서류에는 석방됐다고 나와 있다는 겁니다. 그런데 진실화해 위에서 조사한 거는 그게 아니었어요. 육군헌병대에서 인수해 간 그 명단 중에 아버지가 들어있거든요. 지금 그 책도 가지고 있습니다. 그것도 제가 확인을 했어요. 그렇다 보니까 이게 허위가 아니냐, 서류상으로는 석방을 했다 하고…. 이번에 검찰에 그런 얘기를 했거든요."

- 예. 지금 말씀하신 것은 근래에 확인한 거죠. 그 당시에 어머니께서 면회를 가시고….
"6.25 나고 다급해서 갔대요. 가니까 사람이 없다고 하더랍니다."

- 그때까지 마산형무소에 계셨네요?
"있었죠."

- 그럼 거의 일 년 이상 마산형무소에서 수감생활을 하신 거네요?
"그렇죠. 그래 가서 면회 신청을 하니까 그런 사람 없다고 하는데 그 당시에 희생을 당한 건지, 안에 사람이 있는데 면회를 안 시켜준 건지는 알 수가 없고…. 난리는 터졌고, 사람이 어떻게 된 건지 궁금하니까, 저는 걸리고 우리 동생은 업고 갔답니다. 그때는 부산에 있었는데 전쟁통에 가는 길이 얼마나 어려웠겠습니까?"

남극 가서 고래잡이 하겠다

"그런데 그전에 어머니가 아버님을 서너 번 면회를 했답니다. 그때 아버님이 내가 곧 나가게 되면 군에서 옷을 벗고 일본에 가서 포경사업을 하겠다…."

- 포경? 아, 고래잡이?
"고래잡이를 하겠다, 고래잡이를 하기 위해서는 남극을 내가 간다, 갈 것이다…. 그런 얘기를 했다 그럽니다. 내 외숙부님 녹취록에도 나옵니다. 외숙부님한테도 남극 가서 고래잡이를 하겠다고 얘기하신 겁니다. 그러니까 아버지 꿈이 원대하게 있었어요. 그래서 만약에 살게 되셨다면 그런 포경사업을 했었던지 아니면 조선업을 했었든지…. 함정을 다룰 수 있는 기술이 있었으니까요. 해양 발전에 기여를 많이 안 하셨겠나, 그런 생각을 합니다."

- 예. 그렇군요. 그런데 억울하게….
"그렇죠. 아버님은 당연히 억울하셨겠죠. 아버님이 완전히 좌익으로 몰려 그래 되었지만…. 그 당시에 우리 어머님의 사촌 고모부가 최두선 씨였습니다. 그러니까 우리 사촌 고모님의 남편이 최두선 씨인데 그분이 그 당시에 동아일보 사장인가 했다 그래요."

- 최두선?

"최두선. 최남선 동생인데 박정희 때 국무총리도 했죠. 그분한테 우리 외할아버지가 가서 몇 번 얘기를 했답니다. 우리 사위가 절대 그럴 일이 아니라고 했는데 그게 감형의 요인이었대요. 그리고 손원일 씨가 우리 고모할아버지 되시는 분하고 돈암동 옆에 비슷한 지역에 같이 살았답니다. 그래서 우리 최두선 할아버지가 손원일 씨한테 가서 우리 조카사위가 이럴 사람이 아니다, 그러니까 어떻게 조치를 해라, 이래 가지고 감형을 받은 거라고 합니다. 그래가지고 9월 2일에 출감예정이었다는 겁니다. 그게 억울하죠."

- 그러니까 전쟁이 안 터졌으면….

"안 터졌으면 옷 벗고 나와서 사업을 하셨겠죠. 조선업을 하셨든지 포경사업을 하셨든지, 꿈은 그래서 남극까지 개척할 그런 생각까지 가졌는데…."

- 그 당시에….

"그 당시에 얼마나 그 앞선 머리를 가졌습니까? 남극 개척을 그 당시에 감히 누가 생각이나 했겠습니까? 앞서 있던 분이죠."

육군헌병대로 이감

- 예. 그래서 6.25 터지고 나서 어머니께서 면회를 가셨는데 소식을 모르고…. 그 뒤에는 어떻게 되었습니까?

"그런데 딱 6.25가 터지니까…. 가만히 놔두면 동조할 세력들이라고 보고 희생시켜 버린 거죠."

- 그때 아버님께서 희생되었다는 걸 어떻게 아셨다고 합디까?
"확실하게는 몰랐지만…. 6.25 이후에 사람이 안 나타나니까…. 우리
외숙부님이 그 당시에 해군 작전부에 있었답니다. 경비전화를 했대요.
경비전화를 해서, 내 제매를 왜 안 보내주느냐?"

- 형무소에요?
"형무소장한테, 왜 사람을 안 내보내 주느냐, 하니까 거기서 하는 얘기
가 나갔다 하더레요. 그런데 이번에 진실화해위에서 나온 거는 육군헌
병대로 이감된 걸로 나오거든요. 진실화해위 조사로서는 헌병대로 넘
긴 걸로 나온다 이겁니다. 그러니까 이쪽에서는 계속 쉬쉬하고 입 닫
고 진실을 얘기를 안 해준 거죠."

- 예. 그러면 부친께서 수감되어 있을 때는 신분이 군인이었습니까?
"민간인이었죠. 이 사람들이 군에서 군재판을 끝내가지고 파면을 시켰
어요. 군법에서 해군 소령을 파면을 시켜서 민간인으로 돌린 겁니다."

- 그러니까 마산형무소에 수감되어 있었던 거네요. 군인 신분이었으
면 군 형무소에….
"그렇죠. 민간인으로 만들어서 넘겨버린 거죠. 지금 해군본부에 조회
하면 아버지 병적이 하나도 안 나옵니다. 아까 보여드린 임명장 같은
서류는 제가 가진 것입니다. 군에 조회 의뢰를 하면 군번하고 파면, 이
것밖에 안 나옵니다. 파면사유도 정확하게 나온 것은 없어요. 싹 흔적
을 없애버린 겁니다. 후환이 있을지도 모르고 하니까…. 없는 겁니다."

구월 구일 제사 지내

- 예. 그리고 그 뒤로는 부친 행방에 대해서는….

"전혀 행방을 몰랐죠. 오랫동안 행방을 모르고 있다가…. 어떤 경우가 있었느냐 하면, 제가 대학을 들어가서 ROTC를 신청하려고 하다 보니까, 아버지에 대한 게 정리가 되어야 할 상황인 거예요. 그래서 수소문을 하고 이웃에 얘기를 했어요. 이웃에 있는 친척 한 분이, 동사무소에 사무원 비슷하게 왔다갔다 하시는 분이 인우보증을 섰습니다. 그래 이집에 아저씨가 병으로 돌아가셨는데 우리가 무식해서 몰라서 신고를 못 했다, 언제 돌아가셨다, 해서 병으로 돌아가신 거로 신고를 했거든요. 그래가지고는 제가 ROTC를 들어갔는데 하기가 싫었어요. 그래서 입소 후에 수도육군병원까지 갔다가 제가 그만뒀어요. 그때 아버지 게 정리가 한번 되었는데, 이게 이번 소송 건에서 쟁점이 또 됐어요. 봐라, 여기 사망신고 이렇게 되어 있는데, 이게 안 맞지 않느냐, 이러면서 옥신각신했는데, 결국 변호사 측하고 판사가 인정을 한 거죠. 진실화해위 조사가 맞다, 그 당시는 혼인신고라든지 출생신고라든지 또 사망신고 이런 게 뒤죽박죽이 되어 호적이 정리 안 된 사람도 많은데, 이것도 아마 편의에 의해서…. 내가 또 그렇게 진술서를 썼습니다. 이래 이렇게 해서 도저히 안 되고 해서 사망신고를 했다, 없는 사람, 소식도 없는 사람을 계속 그렇게 둘 수가 있느냐, 그래서 필요에 의해서 그렇게 제적을 시켰다는 내용을 진술서에 썼어요."

- 그럼 그 뒤에 제사는 어떻게 하셨습니까?

"아버님이 죽임을 당했다는 추측은 했는데 그 날짜는 몰랐어요. 그래서 제사를 중양절, 음력 구월 구일이죠? 어릴 때부터 제가 제주가 되어 어머니가 지내왔죠. 아주 어릴 때부터 국민학교 다닐 때부터…. 어머님은 돌아가신 걸로 인정을 하고, 호적이 정리되기 전부터 구월 구일날 되면 아버님만 아니고 선대에 대한 제사를 제가 제주가 돼서 지내온 거죠. 아버님 돌아가시고 나니까 선조들 제삿날이 언제고 언제인지 다 모르지 않습니까? 할아버지나 증조할아버지가 언제 돌아가신 지를…. 그리고 아버님 돌아가신 날짜도 추측만 하지 언제 돌아가셨는지 날짜를 모르지 않습니까? 그래서 합쳐서 그냥 선대 어른에 대한 제를 음력 구월 구일날 중양절에 지금도 계속 제를 지내고 있습니다."

진실화해위원회의 조사와 민사소송

- 그러면 진실화해위원회 조사에 아버님이 그 명단에 들어 있었고 결론은 어떻게 나왔습니까?
"결론은 희생을 시킨 걸로 나와 있죠."

- 날짜도 나왔습니까?
"날짜도 애매하게…. 그 명단에 언제 누가 어떻게…. 그런 거는 안 나오더라고요."

- 그러니까 헌병대로 넘어간….
"그런 분들은 다 희생시켰는데…."

- 그럼 어디서 희생되었는지?
"그것도 모르죠. 그 당시에 마산형무소 안에 장교들은 따로 있었답니다. 아버지하고 비슷한 장교들이 그런 혐의로 해서 여러 사람 같이 있었는데 아마 모아서 같이 희생을 시켰지 않겠느냐…."

- 그럼 그때가 대략 언제쯤이라고 추정을 하십니까?
"50년 7월 말에서 8월 초라고 보죠. 그것도 근래 알았죠. 그리고 진실화해위에서 이 조사를 하는지 사실 몰랐습니다. 전혀 이 내용을 모르고 있었는데 한날은 신문을 보니까 여기에 대한 기사가 나와 있더란 얘기입니다. 그래서 아, 이거 내가 좀 챙겨봐야 되겠다, 싶어 가지고 거기에 나온 유족대표로 있는 분이 그 진주에 계시더라고요. 진주유족회 회장을 하고 계신 분인데 그분 고향이 통영이더라고요. 그래서 수소문을 해서 연락을 했어요. 자초지종이 이러이러하고, 아버님이 통영 사람이라고 하니까, 그러면 내가 좋은 자료를 하나 보내주겠다, 그래 자기가 찾아보더니 명단에 있다 이겁니다. 그러면서 그 책자를 그분이 내게 보내줬어요. 그래서 그걸 보고, 거기에 아버지 이름이 있다는 걸 알았죠. 그래서 부산 사직동 국가기록원에 가서 이 분에 대한 군법회의 기록을 좀 보자고 했어요. 처음 두 번 가니까 없다 그래요. 못 찾는다는 거예요. 그래서 세 번째 갔습니다. 자초지종을 상세히 설명했어요. 이러이러한 상황으로 궁금해서 왔다고 했더니, 한 분이 고개를 갸웃하더니 들어가서 찾아왔는데 동명이인이 두 사람 있었어요. 서로 상자에 별 규다 이러니까, 그분이 가서 찾아 나왔는데 하시는 말씀이, 내가 대전에서 근무를 했기 때문에, 이 내용을 조금은 알아서 찾을 수 있었다며 가져왔더라고요. 그래서 형사소장에 대한 거를 지금 가지고 있어요."

- 그러니까 진실화해위의 조사결과로는 부친께서 그렇게 희생당한 게

진해 조선해안경비대총사령부를 방문한 김구주석과 기념촬영(1946.9.15)
맨 우측에서 2번째가 이상규 부위(중위).

확실한 걸로 난 거군요?

"예. 그런데 저 같은 경우는 미신청자에 들어갑니다. 신청자가 있고 미신청자가 있는데, 신청자들은 그 내용을 이미 알고는 진실화해위에 진상규명 조사를 의뢰했던 사람들입니다. 저는 그런 내용을 몰랐거든요. 그러니까 나는 미신청자로 빠진 겁니다. 그래 뒤에 빠져가지고 신청자 된 분들은 그 서류를 하나씩 받은 게 있다 하더라고요. 그런데 저는 그게 없었어요. 그래 그것 때문에 우리 변호사님이 이걸 처리하면서 상당히 힘들었어요. 그것만 있으면 쉽게 되는 거를 힘들게 해서 승소를 했죠. 지금 민사는 일단 승소를 해서 처리가 됐습니다. 제가 좀 빨리 됐죠. 왜냐면 마산에 있는 창원유족회 하고 같이 들어갔다가는 아무래도 시일이 오래 걸릴 것 같더라고요. 서울에 있는 전술손 씨는 그분 부친이 당시 해군 통신학교 교장이었더라고요. 그래서 같은 해군이고 계급도 비슷하고 해서 이분하고 같이 별도 소송을 한 겁니다. 그래서 이 분하고 나도 같이 승소를 했어요."

- 그 민사소송의 내용은 뭐였습니까?

"배보상이죠. 대법원 판결에서 우리가 승소를 했죠. 동생하고 내하고 아버지 어머님에 대한 그거를 배분을 해서 했는데…"

- 받았네요?
"저는 못 받았죠. 아직 못 받은 부분이 있습니다. 아직 일부가 남아 있습니다. 국가 예산이 없어요. 그렇게 지금 되어 있고…"

- 실례지만, 그런 경우는 얼마를 받게 되는 겁니까?
"아버님 당사자에 대한 보상은 8천, 그다음에 배우자에 대한 거는 50%인 4천, 자식이 둘이 있으니까, 그 사람들은 8백, 그러니까 저한테는 8백이죠. 동생한테도 8백이고…. 아버지 돌아가셨으니까 옛날 상속 법률에 따라서 갈라주더라고요. 동생 몇분의 몇, 내 몇분의 몇, 이렇게 갈라서 나오더라고요."

- 그 억울한 죽음에 비하면 그 돈이….
"그래서 아쉬운 거는…. 예를 들어서 아버님이 살아 계셨다면, 사업을 하시든 뭐든 하셨을 것 아닙니까? 아니면 해군에 계속 근속을 했다 그러면…. 당시에 주위 여론이 아버님을 두고 차후에 해군 참모총장이다 그랬답니다. 그렇지 못하고 돌아가신 게 너무나 안타까운 일이죠."

해병대 창설 최초 기안자

- 조금 다른 이야기로 넘어가 볼게요. 선생님께서 메모하신 걸 보니까 해병대 이야기가 있던데요. 그 이야기를 좀 해 주시기 바랍니다.

"여순사건 때 아버님이 명령을 받아 나가서 처음 일주일 동안은 소식이 없더래요. 알고 보니 그동안이 전투하는 기간이었대요. 어머니는 아버지가 전투에 나간 줄을 몰랐대요. 그래 갔다 와서는, 아까 말씀드린대로, 곧 중령으로 진급할 것이다, 옷하고 견장하고 다 준비되어 있다 하더라, 이렇게까지 얘기 하면서 기분이 상당히 좋더랍니다. 그래 아버지가 작전보고서를 써야 되는데…."

- 여순사건 끝나고 난 뒤에?
"예. 정대사령관으로 나갔으니까 작전보고서를 썼답니다. 그 작전보고서는, 육군을 배에 실어서 전투를 시키니까 전투를 못하더라, 적응이 안돼서 멀미를 하고 전력이 약화되더라, 해상과 육상에서 모두 전투를 할 수 있는 부대를 키워야 한다는 것이 요지였다고 합니다. 그러니까 해병대 창설의 필요성을 역설하고 최초로 기안한 겁니다."

- 이상규 해군소령의 작전보고서 내용에 그 부분이 언급되어 있었다?
"그렇죠. 그 내용에 해병대의 필요성이 들어가 있습니다. 아버지가 최초의 기안자인 거죠. 그래서 신현준 진해 사령관이 아버지의 작전보고서를 받아서 상부에 보고함으로써 해병대가 태동됐다고 하는 겁니다. 인터넷에 해군소령 이상규를 검색하면 작전보고서란 글이 나옵니다."

- 저도 찾아봤습니다. 나오더라고요.
"최초의 기안이죠. 그걸 발단으로 해병대 창설의 동기가 된 거라고."

- 그러니까 해병대 창설에 참여한 거는 아니지만….
"여순사건을 겪으면서 필요하다는 기안을 최초로 한 사람이 아버지다

이거죠. 아버지가 창원인가 진해
인가 무슨 기지가 하나 있더라
고요. 그 기지에서 해병대 창설
을 했답니다."

아버지의 군복 견장.

- 찾아보니까 진해 덕산비행장,
K-10 비행장에서 49년도 4월에
창설한 거로 나오더라고요. 그
러니까 부친께서 형무소에 갇혀
계실 때….
"그동안에 창설되었고…."

- 또 비슷한 시기인 49년 8월에 백범 선생이 암살당했죠. 그리고는 그
일 년 후에 전쟁이 터졌고요.
"예. 결국 김구 선생이 암살당해 제거되면서 그 계열에 있는 사람들, 고
급장교들을 숙청하는 그런 단계가 있었다고 하더라고요."

6대 독자

- 앞의 얘기로 돌아가서 그 아까 통영 얘기 하셨는데 원래 고향이….
"예. 대대로 통영입니다. 증조할아버지도 통영에 사셨고…. 어머님은 부
산 출신인데 초량에서 대대로 살아오신 집안이고요. 우리 고모님이 또
통영에 시집을 갔는데 고모님 한 분이 중매를 했다고 합니다. 우리 외
할머니가 통영 욕지 사량면 출신이에요. 그래 인연이 돼서 중매결혼을

하게 된 거죠. 일화가 좀 많습니다. 아버님이….'

- 메모에도 보니까 그 아버님께서 독자시던데요?

"예. 6대 독자입니다. 저하고 우리 동생이 7대에 난 거죠. 동생이 없으면 제가 7대 독자가 되는 거죠. 원래 우리 선대는…. 금성대군이 단종 복위를 꾀하다가 사약을 받았는데…. 우리 위에 선대로 올라가면 그런 내력이 있습니다. 상당히 정의감이 강하다고 그럴까…. 조카의 왕위를 찬탈한 세조를 제거하려고 하는 그런, 어떻게 보면 불순하다기 보다는 정의롭게 한다는…. 그래서인지 위의 선대들이 대가 많이 끊겼다고 그래요. 금성대군의 후손들이 굉장히 자손이 귀하답니다. 그런 연유로 해서…. 단종복위를 꾀하다가 서리를 맞았죠. 그러니까 선대부터 강직한 그런 게 조금 있어 왔답니다. 아버님도 그 정도로 완고하시고 융통성이 좀 없었다고 해요. 고집도 세고…. 이게 아니다 싶으면 아닌 거예요. 또 하나의 일화가 있는데…. 어머님이 말씀해 준 겁니다. 어느 날 상부에서 아버지에게 마닐라로프를 실으러 가라고 했답니다. 그러면 필리핀에 가야 되는데 필리핀에 가면 한국사람이나 일본사람이나 비슷하니까, 우리가 혹시 희생을 당할 수가 있으니까, 부하들에 대해서 국가에서 보상하고 책임진다는 보장을 해 달라, 그것만 있으면 가겠다고 했답니다. 그런데 상부에서는 그것도 항변이라고 생각했다는 겁니다."

콩나물 팔아서 김치 담아서 보내는

"그리고 또 하나는, 아버님이 함정부장으로 계실 때 어머님이 진해 관사에서 콩나물을 팔았대요. 그래 왜 콩나물을 팔았나 하니까…. 그 당시 배급을 주는데 쌀이 귀해서 고구마가 많이 나왔답니다. 그런데 고구마라는 거는 먹으면 목이 메이는데 김치하고 먹으면 잘 넘어간대요. 그래 부하가 바께쓰를 들고 와서는, 부장님이 김치 좀 가져오라 합니다, 그런답니다. 그걸 엄마가 안 해주면 큰일 난답니다. 노발대발한답니다. 김치를 바께쓰에 꾹꾹 담아서 보내야 한답니다. 그 박봉에, 그 당시 봉급도 변변찮은데…. 아버지가 어느 정도 그러냐 하면, 엄마가 콩나물 팔아서 김치 담아서 보내는 걸 모를 정도로…. 그리고 부하들이 먹는 것, 고구마에 김치 넣어서 먹도록 해라는 그게 본인만 당신만 아는 거지, 엄마가 고생하는 걸 모를 정도로…. 그 정도로 강직했대요. 군함을 진수를 해서 보낼 때 되면, 장관들 부인들 하고 고위관리들이 내려온답니다. 그런데 한번은, 마이크를 대놓고 행사를 하고 있는데, 조타실에서 부하가 손을 다쳤다는 연락이 왔답니다. 마침 그 순간에 배에 임신한 사람이 올라와 있으니까…. 원래 배에는 금기가 많지 않습니까? 아버지가 보고 화가 나서 마이크에 대놓고 욕을 하면서 내려가라고 고함을 질렀답니다. 그 당시에 이기붕인가 누가 내려왔는데, 저 누구냐, 소령 이상규다, 그러니까…. 계속 찍혔던 거죠. 이거는 전부 엄마의 구술을 듣고 말씀드리는 겁니다. 그러니 그만큼 강직했고…. 또 아까 말씀드린, 손원일 참모장 얘기입니다. 왜 이 사람이 참모장이 되어야 하느냐, 선원을 해서 사무를 보던 사람을, 독일에서 상선을 탔지만 항해도 못하는데, 왜 해군 참모장이 되어야 되느냐…. 그러니까 그런 것들을 자꾸 이야기를 하니까, 위에서 다 듣고 있을 것 아닙니까? 더구나 김구 선생 계열에서 일을 하고 있고, 또 부하들이 많이 따르고 이러니까, 키워 났다가는 잘못하면 혹 달리겠다 싶으니까 제거의 대상이 된 거랍니다. 엄마의 이야기가 그 얘깁니다. 그리고 외숙부님의 증언에도, 손원일이하고 너희 아버지하고 사이가 안 좋았다고 나와 있어요."

초량외가

- 중령 진급을 앞둔 상황에서 억울하게 희생당하셨는데 그 이후에 남은 가족들의 삶이 굉장히 힘들었겠습니다.

"어머니가 힘들었죠. 그랬는데 외갓집이 상당히 여유가 있었습니다. 그리고 어머니가 옛날에 부산에서 고등교육까지 받은 사람이거든요. 엄마는 서울 가서 공부를 하려고 생각을 했는데 할아버지가 반대했다고 합니다. 그 이유가, 해방이 되니까 러시아 쪽에서 소련 사람들 들어오고…. 로스케라고 했다 하더라고요. 그다음에 미군들 들어오고…. 미군들은 또 흑인들도 있고 이러니까…. 엄마가 고명딸이니까, 오빠 둘에 남동생 둘에 가운데 딸인데, 하나 딸인데…."

- 모친은 성함이 어떻게 됩니까?

"어머니는 김영희입니다. 꽃부리 영자에 계집 희자 이거든요. 나이는 아버지하고 여덟 살 차이죠. 28년생이거든요. 그랬는데…. 서울서 아까 말씀드린 최두선 씨 안사람이니까 엄마한테는 사촌 고모죠. 올라와서 공부시켜라, 우리 집에서 보내면 된다, 이래 가지고 이대를 들어가려고 하던 중이었는데, 할아버지가 반대를 했어요. 안 된다, 시집이나 보내라…. 그리고 그때 뭐 로스케, 흑인들 이런 사람들이 한국사람들 강간하고 그런 일이 있었다고 하더라고요. 그래 할아버지가 걱정이 돼서 안 보낸다고 해서 공부를 더 못했어요. 그런 차에 시집을 간다고 했는데…. 할아버지는 초량에서 대대로 옛날 증조할아버지 되는 분들은 역관이라 해가지고 통역관을 한 분들이었어요."

- 초량에서?

"그러니까 옛날 벼슬을 좀 했죠. 그러니까 땅도 많고…. 이건 여담입니다다마는, 산에는 산삼이요 물에는 해삼이고 초량에는 김두삼이다, 그런말이 있었다고 그래요. 할아버지 존함이 김두삼입니다. 말 두자에 석삼인데…. 그 정도로 여유가 좀 있는 집안이었어요. 또 어장을 가지고수산업도 좀 하셨고 그래서 여유가 좀 있어가지고 거기서 도움을 좀많이 받았죠. 도움받고 컸고…."

- 그럼 어디서 계속 사셨습니까?
"저는 부산서 계속 살았죠. 그래서 딴 데는 안가고 초량에서 계속 살고 대학만 서울로 가서 다녔어요. 초량에서 살다가 서면에 살다가 연산동 가 살다가…."

- 외가가 여기니까 부친이 행방불명되고 나서는 이쪽으로 오셨네요.
"진해에 살다가 어릴 때, 제가 만 세 살 때니까 기억이 별로 없죠. 이쪽으로 옮겼으니까 근거지가 부산이라고 보시면 됩니다."

창녕호 침몰사건

"친할머니가 살아있을 때 방학에 통영을 간 적이 있었습니다. 국민학교때인데 그때 저도 죽음을 당할 뻔 했는데…. 창녕호 사건이라는 게 있었어요. 세월호 처럼 배가 침몰해서 3백 명이 죽은 사건인데…."

- 그 배가 어니서 이디로 가는 배였습니까?
"통영에서 부산으로 가는 배죠. 그걸 타러 갔는데 제가 늦어가지고 그 배를 못 타고 뒤에 배를 타고 왔어요."

- 아, 예.
"앞에 간 배가 창녕호였어요. 그래 제가 구사일생으로 살았어요. 이건
여담이지만…. 그래 제가 오늘 있는데…."

- 시간 맞춰 가서 그 배를 탔더라면?
"그러면 지금 제가 없죠. 그런 큰일이 있었고…. 그래 오니까 부산 바닥
이 난리굿이 났어요. 그러니까 저도 그 배를 탄 줄 알았던 겁니다. 그
래 살아왔으니까…. 하여튼 어머님이 혼자 사시면서, 물론 외가의 도움
도 있었지만, 갖은 고생을 했어요. 택시 사업도 좀 했어요. 그 당시는
보험이 없어가지고 사고가 나면…. 그리고 운전하는 분들이 질이 안
좋아가지고 어머님이 혼자 하기에는 좀 버거운 그런 사업을 하다가 그
것도 까먹어버리고…. 그다음에 주택사업, 옛날에 집을 지어서 팔고 하
는, 소위 말하면 집어서 팔고 남기고 하는 이런 것도 좀 하셨어요. 어
머니가 좀 똑똑한, 배운 바가 있어서 그나마 그렇게 했고…. 또 그 당
시 경향신문인가 하는 신문사 지국장도 했어요. 그래그래 하면서 먹고
살고 온 거죠. 그러다가 제가 학교 졸업하고 저도 가사를 도운다고 파
월까지 했었어요."

- 월남에요?
"제가. 파월 갔다 왔고 졸업하고…."

- 월남에는 몇 년 계셨습니까?
"제가 70년도에 갔다가 철수 시점에 왔어요. 제가 졸업을 70년도에 했

거든요. 그래가 ROTC를 안 하는 바람에 졸업하고 군대 갔습니다. 학번은 65학번인데 70년도에 가서 73년도에 귀국을 했어요. 그 이후에 노동부에 공무원 생활을 조금 했어요. 하다가 주식회사 삼화라고 그때 종합상사 할 때인데, 거기 들어가서 직장생활 하면서 가사를 제가 맡아서 나도 결혼하고 동생 혼사도 시키고 공부도 마무리 하고⋯. 동생은 수대를 나왔어요. 지금은 부경대학이죠. 그래 수협의 지점장으로 그만뒀죠."

명예회복

- 예. 1950년 그때로부터 65년이 지났지 않습니까? 선생님께서는 그 당시 어린 애였는데 이제 칠순을 바라보는 나이신데요. 부친께서 대한민국 국군의 초기 해군 장교로서 복무를 하다가 해방 이후의 정치적인 혼란기에 정치적 알력이 있는 와중에 더구나 여순사건 이후에 국가권력에 의해서 비정상적으로 희생을 당하셨는데요. 민사에서 승소했다니까 그 사안에 대해서는 결론이 난 거지만 이 문제가 완전히 해결된 거는 아니지 않습니까?
"그렇죠."

- 개인적으로 뿐만 아니라 유사한 사례의 다른 분들도 많이 계시고 한데 앞으로 기대하시거나 희망하는 바가 있으면 말씀해 주십시오.
"민사는 일단 시대의 흐름에 따라서 서둘러야 하니까 시작을 했어요. 그런데 원래는 자식 된 도리로서 아버지에 대한 명예회복을 해야 되겠다고 생각했어요. 그러니까 재심청구를 받아봐야 되겠다는 생각을 하는데…. 지금 사실 변호사하고 협의 중에 있습니다. 그 부분이 조금 난망한 게, 우리 유족회 있는 대다수 분들이 희생당한 그런 거 하고는 조금 특이한 경우입니다. 군법에 의해서 된 거기 때문에 뭔가 적용을 하기가 힘든 부분이 많다는 이런 얘기를 해요. 그래서 선생님 말처럼 이 해안경비법이나 국방경비법이 과연 정상적인 나라에서의 법치의 기준, 잣대가 되는 것이냐, 그래서 변호사 님 말로는 국회도서관에도 열람도 해보고 공부를 좀 해야 되겠다는 그런 얘기를 하시더라고요. 그런데 말씀 들어보면 이건 법치의 잣대가 될 수 있는 게 아니고 임시방편으로 만들어 놓은 걸 가지고 사람을 구금하고 희생을 시켰는데 이거는 아니지 않느냐는 생각이 듭니다."

- 제가 알아보니까 이미 96년도에 천정배 의원이, 나중에 법무장관을 했죠, 바로 이 법이 법적 근거가 없다는 얘기를 했더라고요.
"예. 그 부분은 앞으로 계속 의논해 볼 생각입니다. 마음 아픈 거는 이 민사가 끝나기 전에 어머님이 세상을 버리셨다는 겁니다."

- 언제 돌아가셨습니까?
"어머님은 2013년 5월 22일에 돌아가셨어요. 그래서 어머님이 재심은 못 보더라도 민사라도 그 결과를 보시고 가셨으면 좋았겠다는 그런 마음이 있었어요. 이 얘기가 제게서 끝나버리고 사라지게 해서는 안 된다고 봅니다. 노치수 회장님이, 여러 사람들의 증언을 책자를 만들어서 후세에 남기고 싶다는 취지로 이야기를 하시기에 제가 쌍수를 들고 찬성을 했습니다. 참 좋은 생각이다, 그래 이야기를 하니까, 노치수 회장이 여러 가지 자금면이나 창원시 하고의 협력 문제, 그런 애로사항이 있다고 해서 제가 조금이나마 도움을 줄까 싶어서, 내가 작정한 것도 있고 그렇습니다. 저 혼자의 머릿속에만 기억하고 있다가는 이 사실이 언젠가는 없어질 거라 말입니다. 그렇게 해서는 안 됩니다. 수많은 이들이 억울한 죽임을 당했다는 걸 후세들이 알아야 합니다. 그래야 이 잘못된 역사가 반복이 안 될 것입니다. 또 세월이 흘러서, 예를 들어서 나라가 하나가 된다든지 해서 이런 아픔이 있었다는 것을 아는 시기가 오면, 이게 하나의 근원이 된다는 거죠. 그래서 이번에 이런 증언을 통해서 사실을 남길 수 있다는 참 고맙게 생각합니다."

- 예. 감사합니다.

꿈에라도 봤으면 싶은데
꿈에도 안 나타나예

■ 증언자: 이영자 (1942년생, 희생자 이쾌호의 딸)
■ 증언 날짜: 2015. 5. 7.
■ 증언 장소: 경남 창원시 마산합포구 신월동 자택
■ 희생 당시 살던 곳: 경남 마산시 신월동

창원군청에 근무한 아버지

- 안녕하십니까? 가슴 아픈 이야기지만, 당시 이야기를 들려주시기 바랍니다. 그 당시에 부친께서 희생되었다고 들었습니다.

"예. 그렇습니다. 그 당시에 내가 아홉 살 정도 된 것 같네요."

- 그 당시에 어디서 사셨습니까? 사시던 동네가 어디였지요?

"이 집은 원래 친척이 살던 집이에요. 우리 아버지 돌아가시고 나서 친척이 고향 간다고 우리한테 넘겨주고 갔어요. 그때는 돈도 아니었지요. 그래 고마 우리한테 넘겨주고 갔어요. 산청으로 갔거든요. 우리가 그 먼저 앞에 살 때는 저 밑에 한길에 모퉁이에 보면 횟집 하나 있지요? 그 횟집 있는 그 자리에 살았어요."

- 무슨 동입니까?

"거기도 내나 신월동입니다. 산복도로 길 밑으로는 반월동이고 길 위로는 신월동이거든요. 거기 이발소가 있었어요. 이발소 거기 셋방에 살았어요."

- 이발소에?

"예. 지금은 횟집이 들어섰지요."

- 여기서 조금 밑이네요?

"예. 바로 저 밑에 목욕탕 내려다보이는 그 자리에."

- 그 당시에 부친은 어디 다니셨습니까?

"창원군청에 다니셨어요."

- 창원군청에요?
"예."

- 창원군청에 정식으로 공무원이었네요?
"정식 공무원인가는 잘 모르고 그냥 거기 다니셨다는 것만 알아요."

- 군청에서는 무슨 일을 하셨는지 기억 안 나십니까?
"그런 것도 잘 모르고요."

- 군청에 오래 다니셨는가요? 거기 다니신 지는 얼마나 됐을까요?
"우리가 원래 북마산에서 살았어요. 거기서 살다가 창원군청에 취직이 돼서 이리로 이사를 왔든가 그랬던 거 같아요."

- 여기 오시기 전에는 북마산에 사셨군요.
"예. 북마산 저기 어딘데."

- 무슨 동입니까? 회원동 아니면 교방동?
"회원동도 아니고요. 그 무슨 극장이더라. 극장이 하나 있었지요?"

- 중앙극장 말씀입니까?
"태양극장인가, 그 옆에 살았거든요."

- 그러면 상남동이네요?

이영자 본인.

"모르겠습니다. 어릴 때 거기서 살다가 이리로 온 기억뿐이고 다른 건 모르겠어요. 그러니까 아버지가 거기 계실 때는 이제 뭡니까, 요새 같으면 뭐라 그럴까. 나마가시라 부르고 했던 빵 같은 거 만들어 팔고 그랬거든요."

- 나마가시요?
"일본말로 나마가시라고 했는데 이런 빵 같은 건데, 요즘 같으면 뭐라고 해야 되나…."

- 제과점?
"예. 제과점 그거를 한 거는 내가 어릴 때 먹어보고 해서 아는데, 거기 살다가 이쪽 신마산으로 나왔던 거예요. 그러니까 창원군청에 취직이 돼서 넘어왔든지 그래요. 거기서 살 때 그 집이 우리 집이었는지, 셋집이었는지 그거는 모르겠고요."

- 여기 신월동에 사실 때 가족은 어떻게 됐습니까?

"나하고 우리 어머니, 아버지 그리고 우리 동생이 있었어요. 북마산 있을 때는 나 혼자였지 싶은데 이리 신월동에 와서는 자그마한 여동생이 있었거든요."

- 남자 형제는 없었고요?

"남자 형제가 있었는데. 걔는 어릴 때 경기를 해가지고 구마산 병원에 가서 주사를 맞았는데, 그길로 죽어버렸어요. 지금 같으면 주사를 맞아도 괜찮을 건데 옛날에는 경기를 잘 모르고 그렇게 했는지 어쨌는지, 그렇게 그만 죽었어요. 우리 남동생이. 아주 어릴 때 죽었지요."

아버지의 마지막 인사

- 부친이 행방불명되던 당시, 그때 기억이 좀 나십니까?

"그때 우리 아버지가 출근한다고 가신 그거는 알고 있는데 그 뒤로는 어떻게 됐는지 잘 몰라요."

- 출근한다고 가시던 모습은 기억나시네요.

"예. 나가면서 그러셨어요. 내 갔다 오께 영자야, 내 갔다 오께, 그리 인사하고 가셨는데, 그길로 못 봤어요. 그 뒤로 아버지가 어디로 갔는지 안 보이

아버지 이쾌호.

더라고요. 그길로 우리 아버지는 어디 갇혔든지 그랬던 거지요. 지금 생각하니까 그 생각이 드는 듯합니다. 그길로 안 왔거든요."

- 그럼 그때가 6.25전쟁 터지고 난 뒤입니까?
"터지기 전이지요. 그래가지고 전쟁 터지고 냐자 우리가 피란을 갔습니다. 아버지는 없고 무섭고 그랬습니다. 갔다 오게 하고 출근하던 그길로 아버지는 안 왔으니까요."

- 피란은 어디로 가셨습니까?
"우리가 진해 웅천이란 데로 피난을 가 있었어요. 우리는 뭐가 어떻게 됐는지 그런 거는 잘 몰랐어요. 아무것도 모르고 시키는 대로 엄마 따라다니고 그랬지요. 그런데 우리 집안에 외삼촌이 경찰에 있었거든요. 그래서 엄마한테 그런 소리를 하는 걸 들었어요. 누나, 자형은 누나가 마산 가면 나와 있을 거다, 나올 거다, 이런 소리를 하는 걸 들었습니다. 피난 가 있을 적에요. 우리 외삼촌하고 우리 엄마는 다 알았던 모양이라요. 알아도 겁이 나니까 자식들한테 해 될까 싶어서 일절 말을 했던 거겠지요."

- 그때 부친은 나이가 어떻게 됐습니까?
"모르겠어요. 몇 살인가. 그때 우리 엄마가 젊을 때인데."

- 그럼 그때 어머니는 나이가 어떻게 됐습니까?
"글쎄 그것도 금방 모르겠네요."

- 예. 나중에 서류를 보면 알 수가 있을 테고요. 두 분이 나이 차이는

얼마나 났습니까?

"우리 아버지보다 엄마가 한 살 많았다고 하대요."

- 피란 생활은

"그래 거기서 피란을 하는데 방이란 것도 없고요. 바닷가에다 거적때기 깔아가지고 누워 자라고 하더라고요. 밤에 한 열시나 되면 요만한 벌거지가 바글바글 기어 올라오고요. 우리는 무서워서 잠도 못 자고 쪼그리고 앉아 있거나 안 그러면 밖에 나와 서있고 그랬어요. 그러던 중에 시청에서 왔다 하면서 그 웅천에 사는 사람들한테 집집마다 방을 한 개씩 내놓으라고 했어요. 그래서 한 집에, 한 방에 두 가구씩 살아라 하더라고요."

- 방 한 칸에?

"예. 방 한 칸에 두 집이 살아라 하더라고요. 그런데 그 집에 갔는데 거기서 어머니 아는 사람을 만났어요. 그래 아이고 막 반갑다고 그리하던 걸 내가 기억해요. 그래서 그 방에 같이 살았어요. 그러다가 전쟁이 끝났는지 어쩐지 다시 마산으로 가라고 해서 이제 마산으로 온 돌아왔어요."

우리 엄마 고생한 거는 말도 못합니다

- 어머니는 어디 분입니까? 마산 분입니까 아니면 다른 지역입니까?

"어머니는 저기 문산입니다. 진주 가는 데 문산, 거기가 우리 외갓집이었거든요."

- 그러면 그때는 딸 둘만 있
었네요?

"예. 우리 엄마가 마지막으로
낳은 아들 하나는 경기를 해
서 아일 때 일찍 죽었어요. 그
래서 우리 여동생하고 나하고
우리 엄마가 그래 살았어요."

어머니 강상순.

- 아버지 없이 키운다고 어머
니께서 고생 많이 하셨겠네
요?

"고생 많이 했습니다. 우리 엄
마. 사는 게 사는 게 아니라
요. 우리 엄마 혼자서…."

- 그럼 어머니는 그 뒤로 무슨 일을 하셨습니까?

"우리 어머니가 클 때는 참 호강스럽게 살았다고 합니다. 그런데 아버
지 그리 되고 나서는 공장에 일하러 다니고 그랬지요. 이 밑에 사이다
공장이 있었어요. 반월동 그 밑에요."

- 반월동에 있던 사이다 공장이라고요?

"예. 그 사이다 공장에 다녔어요. 우리 엄마 고생은 말도 못합니다. 우
리가 그때는 참 철이 없어서 어떻게 그런 사정도 제대로 모르고…."

- 혹시 사이다 공장 이름은 기억 안 나십니까?

"공장 이름은 기억이 안 나지만, 그 공장에는 한번 가봤거든요. 옛날에는 사이다가 귀했지 않습니까? 그러니까 엄마가 사이다를 좀 먹이려고 그랬는지, 놀러 오니라 해서 한번 가봤어요."

- 그 사이다 공장 자리가 지금 어디쯤 됩니까?
"여기서 내려가는 것 같으면 어디라 해야 될까…. 지금은 그 공장을 다 뜯어버렸고 집을 지었어요. 가정집도 있고 이층집도 지어져 있습니다. 그 위치가 여기서 한 오 분 걸어서 내려가야 돼요."

- 월영국민학교 쪽으로?
"월영국민학교 쪽이 아니고 반월시장 쪽으로 그리 내려가는 데 있었거든요."

- 사이다 공장이 규모가 컸습니까?
"그 공장이 좀 컸지요. 크니까 여자들도 많고, 남자들도 있고 그랬죠."

- 그럼 거기 다니시다가 또 어디 다니셨습니까?
"그러다가 또 저 부대 식당, 36육군병원 식당에…."

- 가포 가는 데?
"예. 가포 가는데 거기 36육군병원에 그 식당에서 오래 일하러 다녔습니다. 우리 어머니 고생한 거는 내가 참 말할 수가 없을 정도입니다. 어릴 때 그때는 예사로 보고 예사로 생각하고 이랬는데…."

- 그럼 어머니는 언제 돌아가셨습니까?

"어머니 돌아가신 지 오래 됐어요. 내가 결혼을 일찍이 했습니다. 우리 엄마가 우리 집 아저씨를 참 잘 봤어요. 그래 나를 이 사람한테 그거 해야 되겠다 싶어가지고…."

자식들한테 지장 있을까봐

"그렇게 해서 결혼을 하고 이 집에서 함께 오래 살았어요. 우리 아저씨가 군인이었어요. 군인이다 보니 나중에 강원도로 발령이 났거든요. 그래서 거기 가서 살게 됐지요. 우리 큰 아이를 낳았을 때인데, 우리 엄마하고 동생은 여기 있고 우리는 아저씨 근무 때문에 강원도 가서 살고 그랬지요. 봉급이 뭐 그때 삼만 원씩 그리 받았는데, 그렇게 받아가지고 여기 우리 어머니께도 좀 부쳐주고…. 그렇게 살았어요. 그때 참우리 아저씨가 욕봤지요. 우리 동생도 또 그렇게 컸어요. 동생이 성지여중 나왔어요. 그래 공부시켜 준다고 우리 아저씨가 고등학교를 가라 이러니까 우리 동생이, 형부 고생하는데 안 한다고 그러고는 안 갔습니다. 그렇게 세월이 갔는데…. 지금 생각을 해 보면, 우리 엄마한테 상세한 이야기만 들었어도 좀 덜 억울하고 그럴 건데 싶습니다. 사위한테 지장 있고, 우리 애들한테 지장 있을까 싶어서 우리 엄마가 쉬쉬하고 그랬던 것 같습니다. 옛날에는 그런 거 조금만 하더라도 잡아다 가두고 한 게 있었거든요. 우리 동네에도 그런 게 있었어요. 말 잘 못해가지고 잡혀가서 두드려 맞고 병신이 돼서 오고 그런 일이 있었어요."

- 예. 그 시절에는 정권에 반대하는 말도 제대로 못했죠.
"그렇지요. 우리 엄마가 하도 그런 걸 보고 그랬으니까요. 우리한테 조금이라도 뭐 안 좋은 일이 있을까 싶어서 겁을 내고 그랬던가 봐요. 어디 동에서라도 무슨 일로 찾아오고 그러면 고마 겁을 내고 그랬어요. 우리 엄마가. 나는 그것도 모르고 그랬는데, 지나고 보니 우리 엄마가 참 고생 많이 하고, 많은 감수를 하면서 사셨다는 생각이 들어요."

- 그래도 아들이 없으니까 연좌제라든지 그런 건 크게 못 느꼈겠네요?
"그렇지요."

- 다른 집에 보면 아들이 어디 시험을 못 치고 그런 것도 있었잖아요.
"우리는 그런 거는 없었어요. 우리 사촌오빠가 하나 있었는데, 우리 큰 아버지가 사촌오빠를 양자로 하라고 하셨어요. 서울에 무슨 대학이라 하더라, 거기 나오고 그랬는데…. 그러니까 우리 큰엄마가, 공부할 때 연필도 하나 못 사주고 그러면서 왜 내 자식을 양자로 할 건데, 하면서 우리 엄마를 많이 시달리게 했어요."

시민극장에서 도라꾸에 실려간 아버지

"나도 시근이 좀 들고 그럴 나이가 됐지요. 근래에 마산시청에서 유족들 뭘 한다고, 아가씨가 둘 왔더라고요. 시청에 가서 신청을 하는데 내가 아버지 일에 대해서 내용을 잘 모르니까 참 답답하더라고요. 옛날 경찰 하던 외삼촌이 살아계셨을 때 얘기만 제대로 해줬으면 좋았을 걸 하는 생각이 들고요. 외삼촌은 나중에 시청에도 다니고 그랬던 분이거든요. 한날은 내가 외삼촌한테 찾아가서 물었어요. 외삼촌, 아버지가 어떻게 돼서 그렇게 연락도 없노? 그길로 아무 소식이 없는 거가? 하고 물어보니까, 외삼촌은 아무것도 아니라고만 하는 겁니다. 아무것도 아니다, 아무것도 아니다 그렇게만 말씀하시고 마는 겁니다. 살아계실 때 제대로 말씀도 안 해주고 쉬쉬했으니 내가 아무것도 몰랐습니다. 그래서 그때 시청에 갔을 때도 아가씨한테 이야기를 대충 한 거예요."

- 자세히 모르시니까 그랬겠네요.
"나는 뭐 어려서 시집을 가가지고 시근도 없고 아무것도 모르니까, 우리 아저씨가 진작 이런 사실을 알았으면 또 어찌했을지는 모르겠네요. 우리 엄마는 일절 이야기를 안 하는 거예요. 그러니 우리는 아무것도 모르는 거지요. 그래가지고 세월이 지난 뒤에 우리 외삼촌도 돌아가실 때 돼서야, 나를 오라고 해서 갔더니 그제야 말씀을 하시더라고요. 그 당시에 너희 아버지가 시민극장 거기에 있다고 해서 갔더니 도라꾸에 싣고 어디로 가는지, 싣고 가더라, 네가 어쨌든지 아버지 그거를 좀 해 줘라…. 그때서야 그 이야기를 하시대요."

- 그 외삼촌은 그걸 직접 보셨다는 거네요?
"그런 모양이에요."

- 그럼 그 이야기를 들은 게 언제입니까? 외삼촌이 언제 돌아가셨죠?
"외삼촌이 돌아가신지 오래됐어요."

- 돌아가시기 전에 지금 말씀하신 그 얘기를 했네요?
"자기가 여태껏 말을 안 하고 있었는데 저 애한테만은 이야기를 해야 되겠다 싶었겠지요. 그래 병원에 누워계실 때 오라고 했어요. 가니까 그 이야기를 하시대요."

- 그 이야기를 해주시고 돌아가셨네요?
"예. 그래서 내가 그랬습니다. 외삼촌, 진작 얘기를 해주지 왜 그랬노?
하니까 그러데요. 내가 너 모르게 그냥 갈라 했는데, 내가 너한테 너
무 미안하고 그래서 말하는 거다, 아버지 그거를 못 찾아서 미안하다,
그러시더라고요."

- 그때 들으신 이야기에 의하면, 아버님이 보도연맹 관련으로?
"그랬던 모양이에요. 당시 창원군청에 다니는 사람 여러 명이 그리됐다
하대요. 옛날 이 밑에 반월동에 살던 그 사람도 고마 행방불명 돼버렸
다고 합니다. 몇 사람이나, 우리 아는 몇 사람이 그리됐다, 소문이 나더
라고요."

- 창원군청에 다녔던 사람들 몇 사람이 잡혀갔다는 그지요?
"잡혀갔어요."

- 어머니도 그때 이후로는 아버님을 한 번도 뵌 적이 없었던가요?
"그렇지요. 그런 셈이지요. 그런데 엄마는 다 끼리끼리, 이제 마누라들
끼리 모여가지고 그걸 알고 있었던가 봐요. 알아도 우리한테는 말 안
하고 자기 혼자만 알고 그러고 있었던 거지요."

- 그때가 아홉 살 때였으니까, 국민학교 다닐 때였네요.
"월영국민학교 일학년 때 그리됐어요. 그러니 알아도 뭘 얼마나 알겠습
니까?"

구월 구일 제사

- 그건 그렇죠. 머릿속에 남아있는 아버님은 어떤 분이었습니까?

"아버지는 참 가정적이었어요. 애들을 좋아했고요. 우리들을 너무너무 사랑하고 좋아하고 그러셨어요. 그리고 그때는 너무 어려서 시근도 없고 하니 아무것도 몰랐을 때지요. 그래 내가 지금 참 입만 요리 씨부리지, 뭐 어디 내 사는 주소나 알까, 아무것도 몰라요. 그러니까 내가 국민학교 다니고 공부를 더 못했어요. 왜 못했나 하면요. 나도 좀 크니까 결혼하기 전에 공장에도 다니고 그랬었거든요. 그러니까 공부를 하지는 못했고…. 우리 엄마는 시골에서 온 사람답지 않게 참 배운 사람이었고요.

- 그럼 공장에는 어떤 데 다니셨습니까?

"예. 거기가 장군동인가? 크리스탈호텔 있지요? 그 자리가 그전에는 뭐 논이고 이랬거든요. 논밭이고 그랬는데, 거기에 베 짜는 공장이 있었어요."

- 회사 이름은요?

"회사 이름도 없고 고마 뭐 무슨 방직…."

- 무슨 베를 짰습니까? 면직?

"그런 것도 짜고, 인조 비단 같은 그런 것도 짜고 그리하는 데, 내가 좀 많이 다녔어요."

- 그럼 그 공장이 헐리고 그 자리에 크리스탈호텔이 들어섰습니까?

"예. 그 회사가 망했거든요. 망하고 나는 그길로 또 딴 데 가서 하루 하는 일 이런 거 하고 그랬어요. 내 살아온 거는 참, 말도 못합니다."

- 그 방직공장이 규모가 컸습니까?
"예. 좀 컸지요."

- 종업원이 얼마나 됐습니까?
"종업원이 얼마나 됐는지는 모르겠는데 베틀이 스무 대가 있었어요. 그 베틀이 죽 널려 있었어요. 논 가운데다가 건물을 지어가지고 공장 을 했지요. 내가 좀 커서 결혼하고 나서는 강원도로 뭐 이리저리 따라 다니다 보니까 그 뒤로는 어떻게 됐는지 잘 모르겠네요. 그 공장이 언 제 없어진 건지 그것도 모르겠고요."

- 그러면 세월이 많이 지나고 난 뒤에 아버님 제사는 어떻게 했습니 까?
"우리가 제사를 지냈지요. 구월 구일날. 구월 구일날 지냈어요. 그리고 우리 엄마 돌아가시고 나서는 우리 엄마하고 두 분 제사를 내가 지냈 어요. 같이 모셨는데, 내가 그때 좀 많이 아팠어요. 그러니까 우리 동 생이 그러는 거예요. 응가야, 그러지 말고 절에 모시다 올리자, 언니 고 생하지 말고, 그래서 지금도 그 절에 모셔놓고 있어요."

- 어느 절에요?
"저 구산면이라 하는 데 법지사라고요."

- 예. 어딘지 압니다.

"법지사 절에 두 분을 모셔놨어요. 우리 둘째 아들하고 큰아들하고는 절에 올리지 말고 집에서 지내자고 그러는데, 내가 그때 많이 아팠어요. 그러니까 우리 동생이 애들한테도 말했죠. 엄마가 저리 아픈데 제사 지내는 게 그게 어디 보통 일인가, 고마 절에서 올리자, 그래서 저거가 돈을 내서 절에다 모셨어요. 그리고 우리 동생은 더 어려서 그런저런 거에 대해선 아무것도 몰라요."

꿈에라도 한번 우리 아부지 봤으면

- 예. 그래서 그 뒤에 진실규명 서류를 받으셨지요?
"그런 거는 받았지요. 그때 시청 가서 조사받고 그 뒤로 유족이 되어서 연락도 오고 그렇습니다."

- 그 뒤에 소송도 제기하셨지요?
"그래서 지금 재판 중입니다. 그때 유족들 아홉 명인가 모여서 같이 부산에 가서 판사인가 검사인가 만나고 왔다고 합니다. 그래 그 당시에 노치수 회장님이 오셔가지고 유족회에도 들어가고 그랬습니다. 그런데 처음에는 회비를 삼만 원씩, 일 년에 육만 원이라 하는 회비를 내야 되는 거를 제가 몰랐어요. 그런데 내가 생각을 해보니 아, 우리 아버지 그거를 하는데 내가 그 돈은 아무리 없어도 내야겠다, 그래서 내가 그거는 합니다. 우리 엄마가 좀 오래 살아 있었으면 또 어찌 됐을는지도 모르겠습니다. 우리 엄마가 하는 것 같으면 달랐을 건데…. 우리가 좀 크고 시간이 좀 있고 그랬으면 무슨 할 말이 안 있겠습니까? 자기 혼자 끙끙 앓고 있다가 할 말도 못하고 그리 돌아가시고 나니 내가 참…."

- 아버님이 그렇게 억울하게 돌아가시고 난 뒤에 고생 많이 하시고 그 랬는데요. 앞으로 바라시는 게 있으시면 말씀해 주십시오.
"저는 바라는 거는 없고요. 단지 우리 아버지가 어디서 어떻게 됐는지 그게 제일 궁금합니다."

- 어디서 어떻게 됐는지?
"예. 어떻게 해서 돌아가시게 됐는지요. 꿈에라도 한번 우리 아부지 봤 으면 좋겠다 좋겠다 그래 쿠도 꿈에도 안 나타나에."

- 아버님 얼굴은 떠오르십니까?
"얼굴은 훤합니다. 우리 아버지가요. 키는 안 커도 인물이 참 좋았습니 다."

- 예. 그리고 아버님 친구 분들 중에도 같이 희생당한 분들이 있다는 그지요?
"그때 우리 엄마는 서로 그렇게 마누라들끼리는 알고 이야기하고 하 던 게 있었던가 보대요. 나는 어느 사람인가는 잘 모르지요. 그래 전 쟁 터지고 우리가 피란을 가 있을 때, 우리 외삼촌이 마산 가면 자형이 나와 있을 거라고 하는 말을 하는 걸 우리가 들었잖아요. 그래서 우리 엄마가 조금이라도, 한발이라도 빨리 마산으로 왔는데…. 아무 연락도 아무 소식도 없었어요. 그길로 지금까지 아무 소식이 없습니다."

- 외삼촌은 어디 근무를 했습니까? 경찰이었다는데 마산경찰서에 근

무했습니까?

"마산경찰서인가 어딘가 그때는 내가 너무 어려서 모르겠어요. 하여튼 경찰로 있었거든요. 그렇게 있다가 경찰을 막살하고 시청에 또 있었어요. 큰외삼촌도 시청에 계셨고요. 그렇게 두 분이 계셔도 뭐 어디 과에 있었는지 그런 것도 잘 몰라요. 그냥 뭐 벌티 맨치로 이리 커가지고 바보 맨치로 아버지 호강만 받을 그런 생각만 했지 무슨 그 한 거는 생각도 안 해봤어요."

- 그로부터 세월이 많이 지났지 않습니까?

"세월이 그리 지나도 한이 풀리지 않습니다. 내만 그런 게 아니고 억울한 사람이 얼마나 많습니까? 우리 죽기 전에 누가 이 한을 풀어 주겠습니까?"

- 예. 말씀 감사했습니다.

이제라도 특별법 만들어
문제 풀어야

■ 증언자: 정동화 (1945년생, 희생자 정현영의 아들)
■ 증언 날짜: 2015. 4. 24.
■ 증언 장소: 경남 창원시 의창구 사림동 경남청년희망센터
■ 희생 당시 살던 곳: 경남 창원군 웅남면 외동리 725번지 성산들

일가족 형제 모두 몰살, 비운의 가족사

- 유족회에서 작은 증언자료집을 만들려고 합니다. 당시 희생된 분들의 이야기를 들었으면 합니다. 여러 사람이 희생되었다고 들었습니다.
"우리 아버지, 우리 삼촌, 우리 고모. 그러니까 아버지 정현영, 삼촌 정준용, 고모 정분순 그렇게 세 사람입니다."

-그럼 그때 부친은 연세가 어떻게 됐습니까?
"우리 아버님이 1917년생이시니까 그때 서른네 살이었죠."

- 그러면 희생당하실 때가 언제라고 알고 계십니까?
"1950년도에 6.25전쟁 터지고 난 뒤 7월 10일에서 20일 사이라고 알고 있어요."

- 그럼 당시에 사시던 동네는 어디였습니까?
"창원시 웅남면 외동리. 우리 본가지요. 725번지."

- 그럼 거기가 지금 어디쯤일까요?
"지금은 거기 킴, 기계연구소 그 일대에 우리 본가가 있었죠."

- 그럼 그 당시에 마을 이름이 외동리네요?
"외동리인데 우리는 성산들이라고 불렀어요. 거기에 다섯 집인가 그렇게 있었어요."

- 그럼 그 마을은 원래 외동리 하고는 조금 떨어져 있었네요?

"그렇죠."

- 들 한가운데 있던 마을인 그지요?
"그렇죠. 들 한가운데."

- 그 당시 가족은 누구누구 살았습니까?
"그때에 우리 할머니, 우리 큰어머니, 우리 사촌 형님, 또 우리 삼 형제, 어머니, 그렇게 살았어요."

- 대가족이었네요?
"대가족이죠. 그때는 다 그렇게 살았지요."

- 그렇군요. 그때 전쟁 나던 해에 나이가 어떻게 됐습니까?
"그때 여섯 살이죠."

- 그럼 당시 그 상황에 대해서 잘 모르시겠네요.
"잘 모르죠."

- 그래도 혹시 단편적이라도 기억나는 건 없습니까?
"아버지는 어렴풋하게나마 기억이 나요. 그때 글 가르치셨던 게 기억나고, 또 집 안 들어가고 골목에서 만날 놀다가 붙잡혀가지고 두드려 맞은 것도…."

- 어릴 때 아버지는 어떤 분이었다고 기억나십니까?
"좀 겁나는 사람이었죠."

정동화 본인.

- 전쟁 터지던 당시에는 직업은 뭐였습니까?

"그 당시에 농사지었죠. 그래 우리 가족의 내력을 잠깐 이야기 하면….
우리 아버지 형제가 삼남일녀였어요. 아버지 위에 큰아버지가 있었는
데, 왜정시대에 상선학교를 나왔어요. 외항선 항해사였어요. 그러니까
그 당시 항해사로서 상선을 타고 다녔으니까 임금이 높았죠. 상선학교
라 하면 요즘으로 치면 해양대학입니다. 해양대학을 졸업해서 상선에
서 간부가 되었죠."

- 그때도 창원에 사셨습니까?

"그렇죠. 우리 집에, 그 자리에 살았죠. 그랬는데, 태평양전쟁이 터지자
마자 일본이 그런 민간인들을 전부 징용을 했어요. 전쟁에 그 사람들
을 내보낸 거야. 그래 우리 큰아버지도 징용을 당해서 보급선을 탔다
고 해요. 그런데 어떻게 됐는지 행방불명이 돼버렸어요. 그러니까 장남
이었고 그 당시 집안의 기둥이었던 사람이 그리 되니까 집안이 난리가

났죠. 이차대전이 끝나고 해방이 되니까 집에서 어떻게 수소문을 했어요. 그 당시는 장례를 치르지 않으면 안 되는 그런 문화가 있었어요. 그래서 죽었는지 살았는지 하는 이런 것들을 계속 수소문을 했어요."

해방정국, 집안에 들어온 좌익사상

"그래 결국 그게 확인이 안 되었어요. 그렇게 집안이 어려움들을 겪는 그런 과정에서 해방을 맞았는데, 좌익사상이 우리 쪽에 들어온 거지요. 그러니까 우리 아버지가 좌익사상을 받아들인 것 같아요. 그 당시 아버지는 사업으로 기와공장도 하고 그랬다고 합니다. 우리 사촌, 장남인 형님의 아들이 하나 있어요. 지금 여든두 살인데 이분이 그때 국민학생이었으니까 우리 집에 다시 들어와야 되는 그런 입장이었던 것 같아요. 그리고 할아버지도 돌아가시고 하니까 아버지가 자연적으로 집안에 제일 어른이 된 거죠. 그런 상황에서 좌익사상이 들어오면서, 그러면서 우리 지역에 좌익 사상의 중심역할을 한 것 같아요."

- 예. 일제의 식민지배로부터 벗어났던 그 당시에는 많은 사람들이 자연스레 좌익사상을 새로운 사상으로 받아들인 것 같습니다.
"그래서 매일 저녁에, 밤에 등사 돌리고…. 어머니 말 들으면, 만날 저녁에 와서 등사 밀어가지고 뿌리고 이랬다고 합니다."

- 구체적으로는 어떤 단체에서?
"그거는 모르죠. 그래 그게 남로당인지 아니면 무슨 단체였는지는 몰라요."

- 그렇게 활동을 하시다가….

"이제 정부가 안정이 되면서 맨 먼저 체포되어 가지고 국가보안법 위반으로…."

- 체포되어 가지고?

"그래 체포되어 가지고 재판을 받는데…. 그러니까 우리 집에서 뭐 다 팔아다가 판사들 주고 그랬다고 해요. 빨리 좀 나오게 한다고. 그래 그 덕분인지 집행유예를 받았어요. 집행유예를 받아서 나와 가지고 있는데, 6.25가 터진 겁니다. 그전에 6.25가 터지기 전에 국가에서 보도연맹이라는 조직을 만들었잖아요? 거기에다 가입을 시켜놓고 6.25가 터지니까 보도연맹 가입자들을 다 소집을 한 겁니다. 우리 큰어머니는 소집에 불응해서 어디로 빠져버렸고, 우리 아버지는 그 소집에 응해 갔어요. 그러니까 그 사람들을 바로 삼 일 만에 바다에 가서 수장을 시켜버린 겁니다."

- 그러면 부친은 어디로 소집 당해 가신 겁니까?

"웅남지서. 웅남지서가 그 당시에 마산경찰서 소속이었는지 진해경찰서 소속이었는지 모르겠어요."

- 웅남지서가 무슨 동에 있었습니까?

"지금 말하면, 양곡 가는 데 통일중공업 5공장 있는 그 정도 어디 있었어요. 아버지는 거기서 학살을 당했어요. 그다음에 우리 삼촌은 우리 아버지보다 먼저 잡힌 것인지 아닌지 모르겠어요. 우리는 아버지가 뒤에 잡힌 걸로 알고 있었어요. 그게 삼촌이 서울에 학교 가려고 하는데 우리 아버지가 자기 친구들한테 보내는 편지를 하나 준 모양입니다."

대학생 삼촌, 영원히 행방불명

"자기가 언제 올라갈 건지 하는…. 우리 집에 유일하게 알려져 있는 게 이겁니다. 그게 좌익 활동들에 대한 편지였던 모양입니다. 그런데 상남에서 불심검문에 잡힌 겁니다. 그래 보니까 편지가 있으니까 우리 삼촌을 잡아갔어요. 그래 이 문제가 터지니까 우리 아버지도 아마 피한 거 같아요. 그 편지를 준 사람이니까. 그러니까 집에는 여자들과 젖먹이들 밖에 없으니까 여기 대처를 못한 것 같아요. 그래서 우리는 삼촌이 어디로 가서 처형 됐다고 알고 있었어요. 그런데 근래에 찾은 이 서류를 보니까 여기에서 형을 살고 있었던 겁니다. 살고 있었어요."

- 마산형무소에서?
"이게 당시의 마산형무소 수형인명부거든요. 그런데 여기에 있었던 사람들 중에 정준용, 우리 삼촌인데…. 우리는 삼촌이 대전으로 갔다는 말을 듣고 그렇게 알고 있었거든요. 대전 청소년 그리로 간 것으로 알고 있었는데 현재 기록원에는 기록이 없어요. 그렇게 해서 이 양반도 6.25가 터지면서 그냥 뭐 감옥에서 없어진 거죠."

- 그때 삼촌은 나이가 어떻게 되고 뭐 했습니까?
"그때 국민대학 약학과. 대학생이었어요. 방학이 끝나면 자기 친구하고 서울에 공부하러 올라가는데, 우리 아버지가 편지를 줬다는 겁니다. 그런데 불심검문에 그 편지가 적발되면서 잡혀간 거죠."

- 그러면 부친은 감옥에서 나와 있다가 그렇게 되셨으니까 감옥에서 가서 행방불명 된 것은 아니고, 삼촌은?

"감옥에 가서 행방불명 된 거죠."

- 그럼 면회도 못 했겠네요?
"그렇죠. 어디에 있는지를 몰랐다니까요."

- 그러면 부친은 보도연맹 가입을 했고요?
"그렇죠."

- 삼촌은?
"가입을 안 한 걸로 아는데 잘 몰라요. 그 당시에 보도연맹이라는 제도가, 우리가 지금에 와서 들었지만, 동네에서 실적 쌓기 이런 식이 많았잖아요? 그래서 우리 삼촌도 보도연맹 가입 여부는 나는 몰라요. 고모도 모르겠고."

- 그러면 삼촌이 행방불명 된 거는 언제입니까?
"아마 49년도쯤 안되겠나 싶습니다. 내 생각에는 그 당시 삼촌은 국가보안법 위반으로 형을 살고 있었던 겁니다."

- 형을 살고 있다는 걸 집에서는 전혀 몰랐네요?
"어디서 어찌 됐는지 아무도 몰랐죠. 그 당시에 이 사건이 터지자 마자 우리 아버지하고는 어디론가 몸을 숨겼을 거고 집에는 우리 할머니 어머니 꼬마들 밖에 없었겠죠. 그러니까 집에 남은 사람들이 어디 찾아 나설 생각을 못 한 거지요. 그리고 형사들이 계속 우리 집에 와서 뭐 그냥 가져가고…. 그 지랄을 했다고 하거든요."

- 그러니까 삼촌은 적어도 전쟁 나기 일 년 전에 이미 행방불명 된 상태였네요?

"그렇죠. 그래가지고 들리는 소문에 대전에 있다는 소리를 어디서 들은 것 같아요. 대전형무소에."

신혼의 고모도 경찰에 잡혀간 뒤 행방불명

- 고모는요?

"그다음에 우리 고모는 결혼을 했는데 자기 시댁이 여기 반송입니다. 우리 집에서 상남으로 해서 이렇게 반송으로 가거든요. 그런데 그 사람이 일본에서 조총련 활동을 한 겁니다. 그러니까 결혼을 하고 일본으로 들어가 버렸어요. 일본으로 들어가고 나니까 우리 고모는 시댁에 못 있고 우리 집에 와 있은 거죠. 친정에. 고모가 우리 집에 와있는데 좌익 활동을 했다는 혐의로 경찰이 잡아간 거죠."

- 고모를?

"우리 집안이 그런 집안이다, 그렇게 된 거죠."

- 그럼 고모는 그때가 몇 살이었는데요?

"그때 우리 고모가 삼촌보다 나이가 많았으니까, 아마 스물셋 아니면 넷 이렇게 됐을 거에요."

- 결혼했는데 애는 없고? 집에 있다가 아버님하고 같이 잡혀갔네요?

"애는 없고. 따로 잡혀 갔어요. 우리 아버지는 어디로 피해버렸고. 옛날에는 결혼을 하면 신부가 친정에서 일 년 동안 머무는 때가 있었는데 바로 그 기간이었죠. 그러니까 시댁에는 신랑은 없고, 우리 쪽에 와서 있었는데, 그것이 얼마나 길었는지는 모르죠."

- 그러면 고모도 보도연맹 가입했는지는 모르네요?
"모르죠."

- 그러면 고모는 어떻게 잡혀간 겁니까?
"고모는 우리 집에 형사들이 오니까 자기가 피한 거죠. 형사들이 오니까 겁이 나서 몸을 피했는데…."

- 그럼 그때가 언제쯤입니까?
"그것도 내가 생각하기로는 6.25 전이지 싶어요."

- 그러면 6.25 전에 이미 삼촌하고 고모는….
"내 생각에는, 우리 집이 좌익 활동의 중심이라는 걸 알고, 또 우리 삼촌이 쪽지를 가져가다 잡히고 이러니까…. 우리 아버지는 피해 버렸잖아요. 그리되면 형사들이 매일 우리 집에 왔을 거 아닙니까. 그러니까 그때 우리 고모가 집에 있다가 피하다 보니까, 네가 죄를 안 지었으면 왜 도망갔나, 이런 식으로 해서 잡아갔다는 겁니다."

저녁마다 트럭에 실려나가

- 그다음에 아버지는 다시 집으로 들어왔네요?

"그래가지고 아버지가 잡혔어요. 6.25 나기 전에. 형사들이 계속 찾아다니니까 할 수 없이, 이제 우리 집에서 논을 팔고 이렇게 해서 판사를 수소문을 했어요. 판사를 하나 알아가지고, 자수를 해라, 자수를 하면 집행유예로 해주겠다, 그래가지고 자수를 한 겁니다. 자수를 해서 집행유예 이 년을 받아서 나왔어요. 그래가지고 자기는 어쨌든 죗값을 다 치른 거죠. 그런데 6.25가 터지니까 보도연맹 가입자들을 다 소집한 거죠. 소집했는데, 그때 우리 큰어머니도 보도연맹 가입되어 있었고 그랬는데, 우리 큰어머니는 불응해서 어디로 피했고, 피하니까 살았고, 아버지는 소집에 응해 가서 그리된 거죠."

- 부친께서는 괜찮다고 생각하신 거네요? 이미 형은 다 살았고, 집행유예 판결받고 나왔으니까. 그전에 이미 삼촌하고 고모는 행방불명이 되어 있는 상태고.
"그때는 감옥에 살고 있은 것 같아요."

- 집에서는 감옥에 있는지도 모르고 있었네요?
"어디에 가서 어떻게 됐는지를 모르죠."

- 그래가지고 전쟁이 터졌다 아닙니까? 그 뒤 상황을 계속 이야기해주시지요.
"전쟁이 터졌는데, 우리 여기는 피난을 안 갔어요. 일부는 가고 그랬지만. 나중에는 우리도 외가로 피난을 했죠. 왜 그러냐 하면, 전쟁이 터지니까 우리 아버지 학살되고 그랬는데, 계속 나쁜 놈들이 와서 우리 집을 못살게 굴었던 거죠. 심심하면 와서 뭐 내놔라, 그렇게 괴롭혔어요. 그 당시 옛날에 우리 큰아버지가 외항선을 탔기 때문에 우리가 꿩

장히 잘살았어요. 논도 많이 가지고 있고 그러니까 만날 와서 쌀 가져가고 또 뭐 가져가고⋯. 그래서 우리가 피했어요. 외갓집으로."

- 외가는 어디였습니까?
"삼정자동인데 우리 할머니는 대방에 자기 친정으로 피해갔어요."

- 그럼 아버님이 그렇게 돌아가셨다는 건 어떻게 아시게 된 겁니까?
"그 당시에 그렇게 처형됐다는 걸 알았죠."

- 소문이 다 났던 거지요?
"다 났죠. 저녁마다 트럭으로 실어내고 그렇게 했기 때문에. 그래서 우리는 음력으로 유월 초열흘날 제사를 지냈죠. 1950년 음력 6월 10일날 돌아가신 걸로 우리는 그렇게 생각했어요."

- 그러면 어디서 돌아가셨다고 들었습니까?
"진해 앞바다라고 이야기하지요. 지금 우리가 보통 말하는, 그 당시에 보면 마산 괭이앞바다, 이런 표현을 하잖아요? 그런데 진해에도 가덕도 쪽으로 학살 장소가 있어요."

- 마산형무소로 간 게 아니고 웅남지서에서 진해로 넘어갔네요?
"웅남지서에서 바로 트럭으로 실고 나갔다고 하는데, 그게 괭이로 간 건지, 진해로 간 건지는 모르죠."

- 그런데 교통이나 그런 걸 보면 진해 쪽으로 갔을 수도 있겠네요.
"진해 앞에서도 수장을 많이 시켰다고 그럽디다."

- 그러니까 진해에서 가덕도 사이에?

"그렇죠."

- 그럼 삼촌하고 고모는 그 뒤에 소식이?

"그러니까 어떻게 됐는지 모르죠."

- 한 번도 소식을 들은 적이 없네요?

"그렇죠. 우리는 대전형무소에 갇혀 있다는 것만. 그런데 대전형무소가 6.25가 터지니까 거기 있는 사람들을 다 처형시켰잖아요? 그때 죽은 걸로 생각했어요. 진실화해위원회에도 그렇게 진술이 되어 있고요."

- 그럼 고모는요?

"고모도 마찬가지죠."

5.16쿠데타로 다시 한 번 짓밟힌 유족들

- 십 년 후 유족회가 만들어졌는데. 거기 혹시 참여를 하셨습니까?

"그때 우리 어머니하고 사촌 형님이 참가했죠."

- 마산에서 만들어진 그 유족회에?

"그렇죠."

- 거기 참여하시면서 부친이 바다에 수장되신 걸 알았네요?

"그전부터 알았죠. 그런데 다들 쉬쉬하고 있었던 거죠. 보도연맹 가입해가지고 학살되고 그런 거 다 알고 있는데 아무도 말을 못했어요. 아무도 말을 못 했는데 4.19가 나자마자 전국유족회가 마산에 노치수 회장님 삼촌 노현섭, 이런 분들이 중심이 돼서 할 때 그때 갔죠."

- 그럼 그때 마산서 열린 위령제에도 참석하셨겠네요?
"그렇죠. 어머니하고 사촌 형님하고 참석했죠."

- 그래서 그 당시 취합된 명단에도 성함이 들어 있겠네요?
"그거는 모르겠네요."

- 그리고 그다음에 바로 5.16이 일어났잖아요.
"5.16이 일어나면서 이 사람들이 탄압을 당했잖아요."

- 그때 피해는 없었습니까?
"우리 어머니와 사촌 형님은 그냥 참여만 했고 그때 간부들이 탄압을 당했어요. 5.16이 일어나고 난 뒤에 주도했던 사람들이 감옥 갔어요. 그 뒤에는 흩어져 버렸죠."

한 동네 한 집안에서만 다섯 명의 희생자

- 그 사이에 아까 말씀하신 연좌제 같은 걸로 해서 집안에 무슨 피해는 없었습니까?
"우리 형이 외국에 유학을 갈 때, 그 당시 유학 시험을 치고 유학을 갈 때인데, 신원조회가 안 됐었어요."

- 신원조회에서 문제가 생겼네요? 그래 어떻게 됐습니까?

"그래가지고 그거 무마한다고 그때 아마 빽이나 돈을 좀 썼을겁니다."

- 고모, 삼촌, 아버지 이렇게 희생이 되었는데 굉장히 힘들었겠습니다.

"그러니까 우리 아버지 형제들 중에 후손이 있는 사람은 큰아버지하고 우리 아버지밖에 없어요. 우리 사촌 형님 하나 하고 우리 형제밖에 없죠. 고모도 삼촌도 아무것도 없고요."

- 그런데 그 당시에 같은 동네에서, 외동에서 말입니다. 보도연맹이나 그런 식으로 희생된 분들이 또 있었습니까?

"육촌형님이 있고, 또 오촌 아재가 한 사람 있고 그렇게 둘입니다."

- 아버님 포함해서 세 분하고 그러니까 그 동네에서 다섯 분이.

"우리 집안에만 다섯 명이죠. 다른 쪽은 잘 모르죠."

- 한 집안에서만 다섯 분이나 희생되었네요. 창원 상남 지역에는 예전에 활동하는 사람들이 많았다고 하던데요?

"굉장히 많았다고 해요. 그 당시에 우리 어머니한테 듣기로는, 그중에 한 사람이 몸을 피해가지고 살았다고 합니다."

- 성씨는 모르십니까?

"수기라고 하는데, 성은 잘 몰라요. 김수기인가 그랬어요. 내가 옛날에 상남국민학교에 다녔는데 그쪽으로 올라가면, 그 집이 밭이 크게 있고, 나무를 심고 그랬는데 집이 상당히 컸어요. 집도 잘 살았던 것 같고.

우리 어머니하고 가면 이 집이 빨개이 두목 집이다, 그랬으니까요. 하하. 그때에도 앞에는 나서지 않았다고 하더라고요."

50년 가까이 요시찰 리스트에 올라 있던 아버지

- 1960년부터 2006년도 사이에 진실화해위원회에 신청을 하기 전까지는 공식적으로 아무런 연락도 없었네요?

"그런데 가만있자…. 2000년도 가까이 됐을 때 공안 쪽에서 연락이 왔더라고요. 그런데 공안 쪽에서는 그 당시에 우리 아버지가 이북으로 가고 다시 내려올 수 있다는 이런 생각을 계속한 거 같아요. 사망한 근거가 없으니까. 우리는 사망신고를 병사로 엉터리로 해놨지만 경찰은 안다 말입니다. 그리고 우리 육촌형님이 면장으로 있었는데, 한번은 와서 말하기를, 너거 아부지가 이북을 갔다는 말이 있다, 그러는 겁니다. 그런데 아버지가 살아계신다면 그 당시에 나이가 육십 대 후반쯤 됐어요. 그럴 리가 없지 않느냐, 우리 가족이 여기 있는데, 그랬죠. 그런데 한번은, 내가 그때 데모하고 그럴 적입니다. 87년 사건이 터지고 그 뒤에. 90년대 중후반쯤 됐을 겁니다. 공안당국이라 하면서 나한테 왔어요. 이제 당신 아버지가 사회활동을 하기 힘든 나이가 됐다, 그래서 조사를 끝난 걸로 한다, 그러니 그걸 써 달라 하더라고요."

- 그럼 그때까지도 찾고 있었단 말입니까?
"그렇죠."

- 자기들은 별도의 명단을 갖고 있었네요?

"명단을 갖고 있었겠죠. 그 형사가 나를 잘 아는 사람이었어요. 그때까지도 경찰에서는 계속 감시를 하고 있은 거죠."

- 자기들도 학살된 사실을 몰랐다는 거네요?
"자기들도 사실을 모르고 또 우리가 사망 신고한 거를 믿지를 않았겠죠. 그 당시 그 경찰이 하는 말이, 공안당국에서 내려오는 리스트가 자기들에게 있다는 겁니다. 아주 옛날에 핵심적인 역할을 했던 사람들에 대한 리스트가 있는데, 이거를 제외시킬 수가 없었다는 거죠."

- 뚜렷한 근거가 없으니까.
"근거가 없으니까. 그런 일이 한번 있었어요."

특별법 만들어 국가가 직접 문제 풀어야

- 진실화해위원회가 만들어지고 2006년도에 신청을 하신 거네요?
"그렇죠. 진실화해위원회 활동을 알고는 내가 신청을 했죠. 그래서 진실화해위원회에서 조사결과는 추정, 그다음에 우리 삼촌하고 고모는 확정으로 나왔어요. 아버지를 먼저 조사를 받았거든요. 그런데 그때는 아버지 문제는 누가 진술을 안 했어요. 그런데 우리 사촌 형님이 고모하고 삼촌에 대해 진술을 해 준 거죠. 보조 진술을. 그러니까 그거는 확정이 되고 우리 아버지는 추정이 되고 그랬어요."

- 그러고 난 뒤에 이 서류를 국가기록원에서 떼보니까?
"그래가지고 진실화해위원회 조사결과가 있으면 소송에서 우리가 이긴다고 생각했는데 일심에서 우리가 저버렸어요. 전부다. 보상 청구를 했는데 민사에서 저버렸어요. 그래가지고 부산 기록원에 가서 기록을 찾았어요. 그랬더니 아버지와 삼촌에 대한 기록은 있는데 우리 고모 거는 없었어요. 못 찾았어요."

- 그래 기록원에 남아있는 자료에 의하면 어떻게 되어 있습니까?
"우리 아버지는 국가보안법 위반으로 집행유예 받은 걸로 나오고, 삼촌은 그때 형을 산 걸로 되어 있어요. 여기 판결문에 단기 4282년이면 1949년이고 징역 8개월을 받은 걸로 나와요. 그러니까 6.25 나기 전에 형기가 만료되었는데도 석방하지 않고 학살한 것 같아요."

- 그럼 항소를 해서 재판 진행 중이지요?
"그렇죠."

- 얘기를 좀 마무리 하면 좋겠습니다. 현재 이런 상황에서 앞으로 어떻게 되었으면 하는지에 대해서 말씀해주십시오.
"지금은 우리가, 유족회가 다 바라는 바지만, 어차피 정식재판에 근거하지 않고 처형한 학살이니까, 이제라도 특별법을 만들어야죠. 아직까지도 거의 반 이상은 신고를 못 했을 겁니다. 내 생각에는. 그러니까 특별법을 만들어서 이런 사람들에게 국가가 책임을 다하지 못했던 그런 것에 대해서 사죄를 하고, 위령제를 지내고, 문제를 푸는 것밖에는 없습니다. 그리고 이제 나머지 후손들이 떳떳하게 살 수 있도록 국가가 적당한 보상을 하고 그렇게 해야 안 되겠습니까?"

- 예 말씀해주셔서 고맙습니다.

위령탑 세워 한을 풀어야

■ 증언자: 조정숙 (1950년생, 희생자 조양래의 딸)
■ 증언 날짜: 2015. 4. 14.
■ 증언 장소: 경남 창원시 마산회원구 내서읍 중리 자택
■ 희생 당시 살던 곳: 경남 창원군 상남면 지귀리

유복녀로 태어나다

- 안녕하십니까? 부친께서 희생당하실 때 얘기를 좀 해 주시지요. 언제 그렇게 되셨습니까?

"예. 제가 태어나기 전에, 제가 엄마 몸에 있을 때, 3개월 만에 아버지가 나가셨어요."

- 아, 그럼 유복녀로 태어나셨네요.

"예. 그 당시에 할아버지 계시고 고모도 계시고 엄마하고 그리 사셨다고 합니다. 아버지가 나가실 때는, 그냥 어디 다녀오는 것처럼 해서 나가셨다 그러거든요. 금방 조사받는다, 금방 올 거다, 걱정하지 말고 있으라…. 여름이었거든요. 그래 나가서 가지고 상남지서로, 진해경찰서로 전전을 하다가 그길로 못 돌아오셨거든요."

- 그럼 그때 어디 사셨습니까?

"창원 상남 지귀."

- 상남면?

"상남면 지귀동에 살았죠. 그러니까 아버지가 상남지서로 잡혀갔어요."

- 지귀동에 사셨는데 상남지서로?

"예. 거기로 몇 번 면회를 가서 얼굴만 보고 대화는 못하고…."

- 그러니까 지서에서?

"예. 지서에서. 할아버지하고 고모하고 갔는데 대화는 못하고 얼굴만

먼빛으로 보고 있다가 왔답니다. 그래 몇 번 다니다가 보니까 진해경찰서로 이송됐다고 하더랍니다. 그길로 있다는 얘기만 듣고 진해에 가서 한번 봤는데 거기서도 대화는 못했다고 해요. 그길로 못 찾아 오셨거든요. 그래가지고 할머니는 결국 화병으로 이 년 만에 돌아가셨어요. 아, 사 년만이네요. 제가 태어나기 전에 할머니가 화병이 났으니까요. 제가 다섯 살에 돌아가셨거든요. 사 년 만에 돌아가셨는데 할머니는 오십오 세인가 오십육 세인가에 돌아가셨어요. 그때 저는 모르죠. 화병으로 돌아가신 지도 모르고…. 그때가 55년도였네요. 제가 50년도에 태어났으니까요. 할머니 돌아가시고….”

마을 이장으로 활동

- 그러면 그때도 지귀동이라 불렀습니까?
“그때는 지귀리라 그랬죠.”

- 그럼 그때 할아버지는 뭐 하셨습니까?
“할아버지는 농사지었어요. 아버지는 그때 이장이었다고 합니다.”

- 예. 그러니까 농사지으면서 이장을 하셨네요? 다른 직업이 있었던 게 아니고요?
“예.”

- 그때 부친은 나이가 어떻게?
“그때 우리 나이로 스물일곱 살이고 엄마가 스물세 살이었어요.”

조정숙 본인.

- 그럼 집에 농사는?
"농사는 크게 많이 짓지는 안 하고…. 옛날에는 뭐 특작물을 했습니까? 하우스도 안 하고…. 농사는 양식할 정도로 먹고살 정도로 지었던 것 같습니다."

- 그럼 중간 정도 지었네요?
"예. 중간 정도. 큰 대농가는 아니었고요."

- 그러면 부친께서 당시 보도연맹에 들었다고 하시던가요?
"예. 보도연맹에 가입했다고 들었어요. 가입을 하면 괜찮다고 해서, 누가 보도연맹에 가입을 시켰다고 합니다."

- 해방되고 난 그 당시에 흔히 하는 이야기로 좀 똑똑하고 그런 사람

들이 사회활동 하는 쪽으로….

"예. 똑똑한 편이었겠지요. 그러니까 이장을 안 시켰겠습니까?"

- 그리고 또 활동도 좀 하셨겠네요?

"예. 활동을 많이 했겠지요."

- 그와 관련해서 뭐 들으신 이야기는 없습니까? 어떤 활동을 하셨다
고 하는….

"어떤 활동을 했는지 그건 잘 모르겠고요. 뭐 이장하고 보도연맹 가입
해서 뭐…."

- 그 이전에 경찰에 체포되거나 이런 적은 없으시고요?

"경찰이 와서 끌고 가고 또 숨어 있고 그랬던 것 같습니다. 할아버지
가 그리 말씀 하시대요. 할아버지가 저를 결혼시켜 놓고 돌아가셨거든
요."

- 그러니까 부친께서 똑똑하고 젊으니까 활동을 하셨네요?

"활동을 하고 지서에 잡혀가기도 하고 그랬던 같습니다. 너무 똑똑해
서 탈이라고 하더라고요. 우리 고모가 셋이나 넷이나 되고 아버지가
제일 장남이거든요. 그러니까 동네서도 활동을 좀 많이 하고…. 옛날
에는 파출소라 안 하고 지서라 했다 아닙니까? 그 지서에도 왔다갔다
조사 같은 것도 많이 받고 그리했던 같습니다. 보도연맹 가입을 해 놓
으니까 왔다갔다 많이 했던 모양입니다."

- 그 당시에 농민조합 같은 단체나 또 어떤 활동을 하셨다는 그런 애

기는 못 들었습니까?

"그런 거는 잘 모르겠어요."

- 어쨌든 좀 움직였네요?

"예. 뭐 그런 거는 할아버지가 내 마음 아플까 싶어서 말을 안 했으니까요. 고모들로부터 듣고 엄마한테 듣고 그랬거든요. 엄마가 재혼도 안 하고 내 하나 보고 살았으니까…."

- 아, 딸만 하나?

"무남독녀입니다. 나 때문에 엄마가 재혼도 못하고…. 그래가지고 내 결혼시켜 놓고 같이 계속 계시다가 여든두 살에 돌아가셨거든요. 2009년도에 돌아가셨어요. 눈도 못 감고 돌아가셨어요. 혹시나 아버지 연락이 올랑가 싶어서 눈도 못 감고 가시고…. 할아버지도 돌아가실 때 눈도 못 감고 돌아가셨어요. 72년도에 내 결혼시켜 놓고 돌아가셨어요. 아버지 나가시고 난 뒤부터 우리 집은 쑥대밭이 됐습니다. 제 하나 뿐이제. 아들 없제."

- 할아버님은 성함이 어떻게 됩니까?

"조일두입니다. 아버지는 조양래이고요."

골목에 등불을 켜놓고

- 그래가지고 진해경찰서로 가서 한번 보기는 보셨네요?

"먼빛으로나 봤다고 해요. 순경이 걱정 말고 가이소, 그러더랍니다."

- 그러니까 말씀은 못 나누고 먼발치로?

"예."

- 그때가 언제쯤이라고 합디까? 맨 마지막으로 보셨을 때가?

"맨 마지막에 봤을 때가…. 1950년 7월, 8월 안되겠습니까. 확실한 날짜는 모르겠어요. 7월달에 아버지가 나가셨다고 하대요. 음력으로는 6월 초이튿날 나가셨어요. 그길로 못 돌아오신 겁니다."

- 음력 6월 초이틀에 나가셨는데?

"예. 그길로 못 돌아오셨어요. 별거 아이다, 갔다가 조사만 받고 오꾸마, 하시고 나가서는 못 돌아오셨답니다. 우리 고모 집에, 고모 한 분이 결혼을 하고 있었는데, 그 집 제사였답니다."

- 그 날이?

"예. 제삿밥 먹으러 오라고 했는데 안 와서 그냥 제사하고 말았다고 하더라고요. 고모 할매 집에 아재하고…. 제사였기 때문에 그 날짜를 기억한다고 하대요. 유월 초이튿날."

- 그리고 진해경찰서에서 마지막으로 뵌 날은?

"그러니까 음력으로 한 유월 중순이나 안 됐겠습니까. 확실히 그 날짜는 모르고…. 그 뒤에 행방불명된 거라요."

- 행방불명되고 난 뒤로는?

"어디 있는지 희생되었는지 모르는 거지요."

- 모르는 상황에서 세월이 지나갔네요?

"예. 확실히 누가 죽었다, 이 집에 아들이 죽었다고 정보해 주는 사람이 없으니까요. 혹시나 올지 싶어서 계속 기다린 거지요. 할아버지는 온천지 다니면서 수소문한다고…. 해봐야 알 수가 있습니까? 할아버지는 완전 정신 나간 사람처럼 그렇고, 할머니는 쓰러져 있었고…. 옛날에 지귀에 있을 적에 우리 집 골목이 참 길었어요. 혹시나 밤에 오는 것 같으면 어두울 거라고…. 옛날에 등불 압니까? 등불을 양쪽에다 짝다 켜놓고…. 그랬답니다. 지귀 동네가 좀 컸거든요. 마을이 좀 컸는데…."

함안으로 이사

- 그 뒤로 지귀동에 계속 사셨습니까?

"그래가지고 제가 일곱 살 때 함안으로 이사를 갔어요. 함안 삼거리로 이사를 갔거든요."

- 아. 함안 어디라고?

"지금 가야읍입니다. 축암 삼거리라는 데로 일곱 살 때 이사를 갔어요. 아버지도 안 계시고 이러니까 할아버지가 화병이 나서 다른 데 가서 산다고 이래가지고, 이사를 나갔어요."

- 가족이 전부 다?

"고모들 하고 가족이 전부 다. 고모 둘은 결혼을 했고 다른 둘이는 같이 있었고 친조모도 같이 계셨거든요. 친조모도 제 다섯 살 때 돌아가셨네요."

- 그럼 함안에서 계속 농사지으시면서?
"함안에서 할아버지 하고 엄마 하고 저 하고 셋이서 농사를 지었지요.
고모들은 출가했고요. 셋이서 농사를 짓다가 72년도에 내 스물세 살에
할아버지가 돌아가셨지요. 저는 71년도에 결혼했고요."

- 아버지께서 행방불명되고 난 뒤에 가족들이 동네를 떠날 만큼 힘들
었네요?
"이리저리 이사 다니면서도 엄마가 진짜 힘이 들었지요. 엄마 그 힘든
거는 말도 못합니다. 그거를 어찌 말로써 표현하겠습니까?"

진실화해위원회의 진실규명

- 그러면 부친이 행방불명되고 난 뒤에, 1960년도에 4.19혁명 일어나
고 난 뒤에, 마산에서 유족회가 만들어졌는데, 거기에 참여하고 한
기억은 없습니까?
"그때는 몰랐지요. 할아버지도 촌에 있었으니까 그런 거 알 수가 있습
니까? 그 당시는 몰랐고요. 진실화해위원회에 그거 할 때도…."

- 그때는 어떻게 아셨습니까?
"그보다 한참 전에 이산가족 찾기 할 때, 고모한테 고모야 나도 이산가
족 찾기 신청해 가지고 아버지 찾아볼까, 이러니까 너희 아버지는 이
관할이 아니다, 이래 말씀하시더라고요. 한참 뒤에, 텔레비전에 한국전

쟁 어쩌고 하면서 나오니까, 여기에 신청을 해 봐라, 해서 그래 신청을 하게 됐어요. 그때 고모가, 너희 아버지는 이산가족이 아니라 보도연맹이다, 그래 이야기해서 알았어요. 그래 2007년도에 신청을 해서 2009년도에 진실화해위원회에서 책자를 받았거든요. 그래가지고 알았어요. 고모들이 많으니까 고모들이 하는 말이, 그러면 니가 나서서 신청해 가지고 다녀봐라, 그래서 서류 넣고 이름 적어 넣고 그랬다 아닙니까?"

- 2009년도에 형무소 사건으로 진실규명이 되었네요. 거기 명단에 들어 있지요?
"예. 들어 있습니다. 지금 책자에도 나와 있습니다. 그래가지고 이번에 서류 할 적에 마산교도소에 가니까 아버지 서류가 있더라고요. 거기서 서류를 뗐거든요."

- 교도소에 수감돼 있었던 서류가 있었네요? 그때 그럼 죄명이 뭐라고 나와 있습디까?
"죄명이…."

- 무슨 법 위반으로 나와 있습디까?
"국가보안법 위반이었습니다."

- 국가보안법 위법. 그러면 몇 년 형을 받았다든지 그런 거는 안 나와 있습디까?
"그런 거는 없었어요."

- 부친 사진이 있습니까? 사진이 하나 있으면 좋은데….

"사진이 없습니다."

- 옛날부터 없었습니까? 아니면 잃어버렸습니까?
"사진이 아예 없었어요. 국가보안법 위반으로 들어가고 출소하고 그걸
두 번을 했더라고요."

- 마지막에는 출소한 걸로 되어 있지요?
"예."

- 서류는 출소한 걸로 해놓고 사람은 잡아다가…. 그러면 진실화해위
원회에 신청을 하기 전까지는 정확하게 몰랐네요?
"몰랐지요. 그냥 그렇게 행방불명 됐구나…."

결혼식에 왔던 사람

- 그래도 주변에서는 어디서 학살당했다, 그런 이야기가 있었을 거 아
닙니까?
"학살당했다는 그 소리만 들었답니다. 그래서 고모들이, 너희 아버지
는 보도연맹으로 가셨다, 그런 말을 나한테 했지요."

- 같은 동네 지귀리에서 부친 말고도 희생된 분이 있습니까?
"그래 희생된 분은 없는 것 같아요. 그런데 아버지하고 같이 가서 한
사람인가 두 사람인가가 돌아왔답니다. 도망을 나왔는가 그런 모양이
라요. 그런데 우리 아버지는, 나는 별거 아이다, 이러면서 있은 게 잘못

이라고…. 그리고 난 뒤에 그 사람이 제 결혼할 때 왔더라고요."

- 그분 성씨는요?
"성도 모르지요."

- 그 동네 사람인데? 아버지 또래?
"예. 한 번은 그 사람이 창원에서 함안까지 왔는데…. 고모들이 결혼식
은 제쳐두고 그 사람 붙잡고, 오빠들은 왔는데 우리 오빠는 와 안 오
노, 하면서 막 울고 난리가 났었습니다. 지금 알았으면 그 사람 싸인을
받아 놓았어도 놓았을 건데…. 그때는 이런 게 있을랑가, 저런 게 있을
랑가, 몰랐지 않습니까? 그리고 난 뒤에 그 사람도 돌아가셔버렸고…."

- 예. 그 두 분이 아버지 또래인데….
"같이 가셨더라고요. 아버지하고 세 사람인데 그 사람은 몰래 어떻게
개구멍으로 빠져나왔다고 하더라고요. 그런데 우리 아버지는, 나는 별
거 없다, 이래가지고 있다가 당한 거지요. 그 사람은 내 결혼식에도 왔
는데…. 이런 일이 올 거라고 생각이나 해 봤겠습니까? 안 그러면 그때
왔을 때 이름이라도 적어 두었더라면 참 좋았을 건데…."

참 눈물 많이 흘렸어

- 예. 그러면 아버님이 그렇게 행방불명되고 난 뒤에 옛날에 연좌제라
고 안 있었습니까? 그런 것 때문에 무슨 피해는 없었습니까?
"피해 좀 봤지요. 저는 잘 몰랐는데…. 우리 집안 동생들이 공무원 시

험 치면 무조건 안 되는 겁니다. 그래서 엄마가 고생을 많이 했습니다. 엄마 보고, 니 신랑이 그래서 우리 자식까지 이래 만든다, 이런 식으로 뭐라 하는 겁니다. 엄마가 참 많이 울었어요. 연좌제에 걸리는데 우리 엄마가 뭘 잘못했습니까? 엄마가 돌아가시고 난 뒤, 이제 백골양자를 세워야 될 것 아닙니까? 그 집에서까지 엄마가 멸시를 당했어요."

- 뭐 하신다고요?
"백골양자. 죽고 나면 물 떠 놓고 제사 지내 주는 거 말입니다. 집안에 자식이 없으니까 물 대신 떠 주는 양자를 세우지 않습니까? 앞에 이름을 올려가지고요. 우리 조씨들 집안에는, 이 집에 자식이 없으면 저 집에 자식을 빌려주는 풍습이 있습니다. 호적을 옮겨가지고⋯. 그런 거 잘 모르시겠지요?"

- 예.
"그래 해가지고 했는데⋯. 그 집에 자손들이 한 명도 공무원이 못됐습니다. 공부를 좀 했는데 연좌제에 걸려서 못 갔다 아닙니까. 그거는 저도 알거든요. 하도 오촌아제들이 엄마한테 공격을 해대서⋯. 제가 그런 거는 느끼고 있어요. 연좌제 걸리는 거를 놓아둬가지고⋯. 그러면서 공격을 해대고 그랬습니다. 그래 참 눈물 많이 흘렸어요. 눈물도 많이 흘리고⋯. 참 시아바시 모시고 산다고 고생 많이 했어요."

- 경제적으로도 많이 힘들었겠네요?
"많이 힘들었지요. 진짜 못 먹고 살아서 허리띠도 많이 졸라맸습니다. 허리띠만 졸라맸습니까. 엄마가 온갖 장사를 다 했습니다. 남의 거 받아가 팔지는 못하고 참외나 이런 거 밭에 심어서 팔았어요. 아침 일찍 어디 가서 물건을 받아가지고 와서 팔고…. 그리 많이 했습니다. 엄마 뭐 파는 길바닥 옆에서 저는 누워 자고 그랬어요."

- 예. 고생 참 많으셨네요. 어머니는 어디가 고향이십니까?
"밀양 박씨거든요. 사화동 있지요?"

- 예.
"창원 사화, 그가 친정입니다. 사화리. 거기에 박씨들이 많이 살았지요."

- 창원 박씨도 있고…. 그럼 부친은 내나 지귀동 출신입니까? 고향이 거깁니까?
"아버지가 태어난 데는 함안 산인 입곡, 거기가 본 고향입니다. 아버지 고향이고 할아버지 고향이고 그렇습니다."

- 거기서 지귀동으로 오셨네요?
"예. 지귀동에 갔다가 지귀동에서 또 함안군 가야읍 산도리로 갔거든요. 거기 살다가 나는 결혼해서는 마산에 와서 살았어요. 엄마는 함안에 계시다가 거기서 돌아가셨거든요. 돌아가시기 전에 몇년은 제가 여기서 모셨고요."

연금식으로라도 조금씩 받았으면

- 그럼 지금 현재 여기 아파트에는 가족이 어떻게 됩니까?

"제 밑에 1남 4녀입니다."

- 아. 많은 편이지요?
"제가요 형제간이 없어서 포가 져서 많이 나왔다 아닙니까? 하하."

- 예. 그럼 자녀들은 연좌제나 이런?
"그때는 좀 풀렸어요. 그때는 없었지요. 그래가지고 우리 집안 동생이 연좌제가 풀리고 난 뒤부터는 조금 혜택이…. 그래 지금은 거기에 있어요. 동사무소라 하나 거기에 있어요. 참 아버지 한 분 때문에 쓰라린 고통당한 거는 말도 못합니다. 엄마도 병이 나가지고 화병이 생겨가지고 약을 많이 먹었어요. 돌아가실 때까지 약을 먹었거든요. 몸이 안 좋았어요. 그래도 끝까지 중풍 치매는 안 오고 맑은 정신으로 가셨어요. 고생 많이 했어요. 스물세 살에 혼자 되어가지고 여든두 살에 가셨으니까…. 아버지 스물일곱 살에 가셨고…."

- 지금이 2015년인데 부친께서 돌아가신 지도 벌써 65년 전 아닙니까?
"예. 65년. 제가 지금 육십 여섯이거든요."

- 그동안 살아오시면서 힘든 일도 많이 겪으셨는데요. 앞으로 어떻게 되었으면 하십니까? 지금 그 문제로 소송을 하고 있는 중이잖습니까?
"만일 이게 보상이 안 되면 보상이 안 나오면, 제 생각 같아서는 연금식으로라도 조금씩은 주었으면 싶어요. 국가에서 보상문제를 한 번에 해결을 못 하면 연금식으로라도 줘야지만, 여태까지 못 한 거를 우리가 해결을 해나갈 거 아닙니까? 아버지 때문에 참 생계가 힘들어서 저는 공부도 못했어요. 할아버지 하고 같이 산다고요. 엄마가 고생한 게 제일 마음이 아프거든요. 이 보상문제가 명백하게 해결되면 좋는데…. 정 국가에서 힘이 들면 반은 보상을 내주고 모자라는 부분은 연금식이라도 조금씩…. 그리했으면 좋겠어요. 연금식으로라도 조금씩 받았으면 좋겠어요. 우리도 뻔하이 알다시피 국가에서 힘이 들 것 아닙니까? 이것저것 시끄럽고 그렸는데…. 얼마를 준다 한들…. 십억이라 해도 안 받겠습니까? 손이 작아서 안 받지는 안 하잖아요? 연금식이라도 조금씩 받고 한을 좀 풀었으면 싶어요. 위령탑이라도 세워서 한을 좀 풀었으면 싶어요. 얼마나 젊은 나이에 억울하게 갔습니까?"

- 그러니까요.

"예. 피어보지도 못하고 가정을 한번 제대로 꾸려보지도 못하고 얼마나 힘들게 억울하게 갔습니까? 위령탑이라도 세워놓고 연금식이라도 받았으면 싶어요."

난리통에 죽다 살아난 거는 말도 못해

■ 증언자: 황점순 (1927년생, 희생자 이용순의 아내)
■ 증언 날짜: 2015. 4. 23.
■ 증언 장소: 경남 창원시 마산합포구 진전면 곡안리 자택
■ 희생 당시 살던 곳: 경남 창원군 진전면 곡안리

난리가 터져 피란 갔는데

- 안녕하십니까. 좀 전에 길에서 말씀하실 때 총을 열두 발이나 맞았다고 하셨잖습니까. 그 이야기를 좀 듣고 싶습니다. 그리고 결혼은 언제 하셨습니까?
"결혼한 지는 한참 오래됐지. 열아홉 살 먹었을 때 했으니까."

- 열아홉에 결혼하셨는데 난리 났을 때는 몇 살이었습니까?
"난리 났을 적에는 스물두 살, 세 살 그리됐을 거라. 그는 내보다 한 살 더 먹었지."

- 그럼 결혼하시기 전에는 어디 사셨습니까?
"우리 친정은 임곡, 숲실이라 하는 데 있었지."

- 임곡을 옛날에 숲실이라 했네요? 그럼 이 동네는 옛날에 뭐라고 주로 불렀습니까?
"실안이라 했지. 곡안이라고도 했고."

- 원래 고향이 숲실이니까 사람들이….
"내보고 숲실댁이라 안 하나."

- 그래 난리가 났을 때 여기 계셨습니까? 어디 다른 데로 피란 가셨습니까?
"난리가 나가지고 시끄러우니까 우리 어른들이 내보고 숲실로 가 있으라 하대. 저 멀리 친정으로 가라고 했거든. 그래서 아를 업고 살살 내려가보니까, 도로에 인민군들이 쭉 보이는 거라. 저쪽에서 내려 왔는 거라."

- 아, 진주 쪽에서 이쪽으로 왔네요?
"그래. 삼거리 쪽에는 사람도 없어. 그런데 그쪽에 인민군들이 군용차를 타고 내려오고 있더란 말이다. 그래 나는 아무 말도 하도 못하고, 그 사람들도 아무 말 안 하고, 거기를 지나왔거든. 그래 숲실로 가서 거기서 이틀 밤인가 사흘 밤인가 잤거든. 그래 자고 나니까 총소리 나고…. 또 난리 온다고 피해야 된다고 해. 우리 엄마가 내보고 동생들하고 진주 외갓집으로 가라고 하시더라고. 그래 진주 쪽으로 올라오다가 동생들은 가라고 하고, 나는 여기 우리 동네로 들어왔어. 사람이 있는 줄 알고 들어왔어. 내 나갈 적에는 사람이 있었거든. 동생들은 가 버리고 내 혼자 아 업고 들어왔다 말이다. 마을로 들어오니까 숲에는 나무가 부러져서 넘어가 있고…. 집에는 집안사람들이 아무도 없어. 집 집마다 가 봐도 사람이 없어. 전부 피란을 갔구나 싶어서 아를 업고…. 그때는 몸채는 저 집 있는데 있었고 이 터가 사랑채였거든. 사랑채에 가서 아를 방 가운데 눕혀 놓고 모구를 후두까 주고 앉아 있었지. 밤에 포탄이 날아와서 저 당산에 쿵 하고 널찌는데 얼마나 무섭노? 날만 새면 어디로 가야겠다고 생각하고 있었지. 날이 새고 사람 소리가 막 나서 나가 보니까 동네 사람들인 거라. 저 실안골에 올라가 있다가 내려왔다 쿰시로 집이 어떻게 됐는가도 보고 양식도 가져간다고 내려왔다는 거라. 우리 집 시어른들 어디로 가더노? 하니까 어디로 갔는지 모르겠다는 거라. 그래 있는데 시어마이가 집에 왔어. 이씨들 전각에 있다가 집을 둘러보러 온 거라. 그래 따라가서 이틀 밤인가 자고 나니까 고마 난리가 난 거라."

황점순 본인.

성주이씨 재실의 비극

"거기 전각 근처에 빨개이가 하나 와서 비쳤다 말이다. 저쪽에 미국사
람이 진열해 있었거든. 그래 보고 총을 때리 쏘고 난리가 났지."

- 누가 총을 쏘았단 말입니까?
"미군들이 쏘았지. 어디 있다가 왔는지 빨개이 한 놈이 비치더란다."

- 그러니까 그걸 보고 미군들이 총을 쏘았네요? 재실 쪽으로?
"그래서 난리가 난 거라. 재실에 있던 사람이 총을 맞고 엄청시리 죽었
어. 그때 오십 명인가 넘게 죽었을 텐데…. 거기에 쏠랑 다 모여 있었던
거라. 재실에 사람이 아무도 안 살고 있으니까 거기에 피란을 다 가있
었는데…. 사람이 참 억울하게 많이 죽었어."

- 미군들이 재실에 있는 사람들이 민간인이라는 걸 알았을 텐데요?

"알았는지 그건 모르지. 그래 총알이 날아오니까 나는 아를 업고 전각 뒤에 밭으로 뛰어가다가 총을 맞았어. 그래 아도 내 등더리에서 총을 맞았어."

- 등 뒤에서 총을 맞으셨네요?

"총을 맞았으니까 내가 뒤로 넘어가버렸다 말이다. 나는 거기 밭 가운데 쓰러져서 아를 보듬고 있었지. 우리 새 할매가 아를 땅에 놔라 하는 거라. 아는 안 되겠다고. 그래 땅에 눕혀 놓고 해가 지도록 안 있었소."

- 그 밭에서요? 그런데 피를 많이 흘렸을 거 아닙니까?

"많이 흘렸지. 내가 거기서 총을 열두 방을 맞았다 말이다. 총 맞고 파편 맞고. 턱밑에 파편을 맞고 다리도 맞고 팔에도 맞고 여기는 관통해 나갔고… 그러니까 피를 엄청 흘렸어. 바늘 하나 찌를 데 없이 옷에 피라. 여름이니까 피가 말라붙어서 삼베가 빳빳하이 그래 돼 있는 거라. 하나도 성한 데 없이 피투성이 되어가지고… 그래 사람 소리가 나니까 우리 할매가 우리도 한번 내려 가보자고 해. 그런데 내가 걸을 수가 있어야지. 그래 빠알빨 짚고 안내려왔소. 내려와서 암하라 하는 데 거기 갔다 말이다."

- 아 암하까지요?

"그래 거기서 숲실로 가서 하룻밤 자고 다시 새 할매 하고 둘이서 암하로 내리갔다 말이다. 가니까 사람들이 엄청나게 모여 있대. 사람들이 밤티라고 하는 동네에 가서 뭐를 막 담아가지고 왔어. 주인도 없으니까 가져왔제. 그래 사람들이 옷도 갈아입혀 주고 먹을 것도 주고 그러는 거라. 내가 입고 있던 옷은 앞에 냇가서 우리 할매가 빨았어. 그래 작은 시삼촌이 나를 지개에 짊어지고 고현이라 하는 데로 갔거든. 거기서 또 하룻밤인가 이틀밤을 자고 나니까 다친 사람들을 전부 마산 병원으로 데리고 가더라고. 그래 고현서 마산 가니까 병원에 자리가 없는 거라. 환자가 많으니까 놔둘 데가 없어. 이 병원에 가도 있을 데 없다 하고, 저 병원 가도 있을 데 없다 하고⋯. 몇 군데를 가도 없어서 할 수 없어서 처음에 간 병원에 가서 억지를 낸 거라. 여기 좀 있어야 되겠다고. 그래 거기서 대충 치료하고 나왔던 거라."

- 그래도 천만다행으로 살아나셨네요?
"총알이 박히지 않고 관통했어. 그래 얼추 다른 데는 다 나았는데 다리는 어북 많이 다쳐서 안 나았어. 그때 시아바이가 부산에서 각시를 또 하나 얻어가 있었거든. 부산에서 병원에 있다가 시어마이 집에 가서 좀 있다가 집에 돌아왔다 말이다. 집에 들어오니까 아무것도 없고⋯."

짐승이 물고 갔는가 미군이 데려갔는가

- 얼마 만에 온 겁니까? 한 두어 달 있었겠네요?
"그래 있었겠제. 그래 내가 살아나왔지. 그래 집집마다 다 타버리고 집이 팍삭 내려앉아 버렸고⋯. 그래 여기 사랑채가 별로 안 타고 있더라고. 그래 냄비에 밥을 해먹고⋯. 얄구지 그래 있다가⋯."

- 그럼 그 아기는 어떻게 되었습니까?

"아기는 내나 밭에 놔두고 갔지. 할 수 없지. 뭐."

- 나중에 묻어주었겠네요?
"오데 묻어요. 갔다 와서 찾으니까 없어요. 우찌 됐는지 없어요."

- 누가 데려갔나?
"데리고 갔는가, 짐승이 물고 갔는지 모르지. 아가 워낙 작으니까. 못살았을 거라. 살아 있다가 우니까 미군이 데리갔는가, 이런 생각까지 들대요."

- 혹시 운이 좋아 그때까지 살아 있었다면 미군이 데려갔을 수도 있었겠네요.
"동네 아 하나도 미군이 데리고 갔는데 마산 가서 아를 찾고 그랬던데…"

- 그 아기 이름이 뭐였습니까?
"오래돼서 잊어버렸어. 둘 나아 가지고 하나는 난리 전에 죽었고…"

농사짓다 갔는데 그 뒤로는 못 봤어

- 그리고 그전에 남편이 또 행방불명되었잖습니까?
"난리 나기 전이지. 난리 난다고 할 적에 우리 영감이 보도연맹에 가입했거든. 그래 가입만 했지 아무 일도 하지도 안 한 사람을 잡아가버렸다 말이다."

- 그 간 날이 언제입니까?

"간 날이 음력으로 유월 초하룻날인가 모르겠다. 지서서 오라 한다고, 가서 말하고 온다고 전부 모여서 갔던 거라요. 그래 가니까 잡아다가 데리고 가버린 거라요."

- 그때 그럼 동네에서 몇 사람이나 갔습니까?

"그때 열댓 명이나 될 거야. 갔는데 빽좋은 사람들은 나오고…."

- 몇 명이 나왔습니까?

"몇 명인가 모르겠는데 서너 명 될 거야. 그 사람들은 살아와서 여기서 살다가 죽었지."

- 나머지 사람들은 그 뒤로 소식이 없었습니까?

"소식이 없지."

- 지서 간 사람들은 전부 남자들이네요? 여자는 없었습니까?

"전부 젊은 남자들이지."

- 그럼 그 사람들이 다 보도연맹 가입했던 사람들이네요?

"그렇겠지. 안한 사람이 그 뭐하러 가겠노?"

- 그럼 남편이 뭐 활동을 하고 그런 건 아니고요?

"활동은 뭐…. 별거 안 했지. 같이 간 사람들 중에는 선생질 한 사람도 있고…. 이 동네 면장 한 사람도 잡혀갔다가 안 나왔나. 그래 가서 많이 안 나왔지."

- 그럼 뭐 실제로 활동하고 그런 게 없었는데?

"실제로 빨개이짓 한 거는 없었어. 그 당시에 아무것도 모르고 농사나 짓고 있었는데 뭐. 농사짓다가 갔는데 그 뒤로는 못 봤어. 아무것도 모르는데…"

- 그러면 그때 지서에 갔던 사람들이 마산으로 끌려갔다 하는 이야기는 못 들었습니까?

"마산으로 끌려갔다 소리는 들었지. 똑똑히는 모르지. 마산으로 갔는지 오데로 갔는지."

- 그 뒤에 어디서 희생됐다, 그런 이야기를 안 합디까?

"잡혀 간 사람들을 물에 밀어 넣어서 죽였다, 산에 가서 총을 놓아 죽였다, 그런 소리가 있었어."

- 그 뒤에 나라에서 경찰이나 군에서 당신 가족이 어떻게 됐다 이런 얘기는 안 합디까?

"없지. 한 번도 그런 적이 없어."

- 그길로 오랫동안 아무 소식이 없었네요? 그 뒤로는 그 사건에 대해서 물어보거나 하지 못 하셨을텐데요. 혹 피해를 입을까봐 동네에서도 말을 못했겠네요?

"말을 못하지. 하모."

- 그때 희생된 분들이 다 이씨들은 아니지요?

"김씨도 있고 타성바지도 있고, 이씨들이 많았제."

한 닢 주면 잔이나 한잔 올리고 싶어

- 그 난리통에 아기도 잃어버렸고 남편도 잃어버렸고 또 본인 자신도 크게 다치시고 이래가지고, 그 뒤로 사시면서 고생을 참 많이 하셨겠습니다.

"고생은 말을 못 하요. 고생한 거는 말도 못해. 요새같이 밥이나 제대로 먹었나. 밥도 먹도 못하고…. 말도 못 하요. 나뿐 아니라 동네 사람들이 다 그랬어. 어른들 세상 버리고, 난리에 우리 시어마시 세상 버렸제."

- 시어머니는 언제 세상 버렸습니까?

"그때 재실에서 시어마시, 시조부가 돌아가셨지. 새 할매는 내하고 같이 내려와서 집에 와 계시다 돌아가시고…. 전각에서 셋이나 그래 됐지."

- 이 동네는 수십 명이 한꺼번에 총에 맞아 죽고 또 보도연맹으로 죽고 또 동네도 다 불타 버리고…. 전쟁으로 엄청난 고통을 당했네요. 그렇게 세월이 흘렀는데…. 앞으로 바라시는 거는 없습니까?

"아무것도 필요 없어. 조금 바란다고 해봐야 돈밖에 더 바라겠소. 내인제 있으면 뭐할거고? 돈이나 한 닢 주면 잔이나 한잔 부어놓고, 내가 조금씩 써 볼까 하는 그 마음이지."

- 또 위령비도 세우면 좋지 않겠습니까?

"비 세우면 뭐 할 거고? 사람 다 죽고 없는데…."

- 그 뒤에 제사는 어떻게 지냈습니까?

"제사는 지내다가 내가 늙어서 못 지내니까 동서를 줬거든. 우리 시동생 각시인데 거기에 줬어. 바로 앞에 이 집에 살아. 그리로 제사 여러 개 갔어. 시조부, 시조모, 시어머이, 시아바이…. 다섯이네. 다섯이 제사를 그리 가져갔어."

- 남편 제사는 언제 지냈습니까?

"칠월 초여흘날 지냈는가 그래 지냈다."

- 그럼 전각에서 돌아가신 분은 언제입니까?

"전각에서 돌아가신 분들은 유월인데 몇일날인지 모르겠다. 내가 제사를 지내다가…. 잊어버렸어."

- 혹시 사진은 남아 있는 게 없습니까?

"사진 하나도 없어. 아무것도 없어."

- 결혼식 사진은 없습니까?

"그때 사진 베꼈나? 안 베꼈지. 한 장도 없지."

- 그럼 무덤은 어디에 있습니까?

"무덤이 없지. 아무것도 없지. 아무것도 필요 없어. 내가 나이 구십인데 언제 죽을지…."

- 그래도 아직 건강하시잖아요?

"뭐. 요새 내 아파서 다 죽어 가는데. 나이 드니까 만날 아픈 거라. 오늘도 병원에 갔다 왔어."

- 그래도 혼자 버스 타고 다녀오시는 거 아닙니까?
"진동에 가거든. 가죽은 데. 마산은 내 혼자 못 가요. 마산은 오데가
오덴지 몰라. 그전에는 잔치치면 마산 가서 장을 내 혼자 다 봐서 잔치
를 치렀거든. 지금은 마산이 오데가 오덴고 그것도 모르겠고요. 아무
것도 모르겠는 거라."

- 예. 말씀 고맙습니다. 아무 죄 없이 남편이 보도연맹으로 끌려가서
행방불명되고…. 재실에서 피란하다가 미군들 총에 학살당하고 당신
자신도 크게 다치시고…. 그 뒤에 혼자 다친 몸으로 참 험난한 세상
을 살아오셨습니다. 그래도 앞으로도 계속 건강하시기를 바랍니다.

창원지역 민간인집단희생사건
유해매장지

출처 : 2012년 경남대학교박물관
「한국전쟁 전후 민간인집단희생사건」 유해매장지 현황조사용역
보고서

I 창원시

○ 개관

문헌자료 조사 과정에서 23건의 매장 가능지가 파악되었고, 그 중 15개소를 선정하여 조사하였다. <기초조사표>를 작성하였으나 이미 유해를 수습한 것이 분명한 곳, 수장지 등 위치가 애매하여 장소 파악이 불가능한 곳 등에 대해서는 현장조사를 제외하였다. 조사결과 창원시 관내에서는 13개소의 유해 매장지가 확인되었는데, 그 중에는 이번 현장에서 새롭게 매장지로 밝혀진 곳도 6개소 있다. 대부분 국민보도연맹 관련 학살사건이었는데, 창원 북면 신촌리에서는 민간인 희생사건 관련 매장지가 3개소 확인된 점이 특이하다. 이 조사에는 2004년 163구의 유해가 발굴된 진전면 여양리 매장지도 포함되어 있다. 그 외에 마산형무소 관련 희생자는 대부분 팽이바다 등 마산 앞바다에 수장(水葬)되었으므로 학살지 또는 매장지의 위치 확인은 불가능하였다. 양곡동의 '세뱅이골짜기'로 불려지던 매장지는 당시 유해를 수습하러 갔던 유족도 있고 해서 매장 사실이 분명한 것으로 인식되어 왔다. 그러나 이번 조사에서 이 매장지는 최근 마창대교와 연결되는 양곡I.C. 확장 과정에서 소실된 것으로 확인되었다.

<1. 창원시 집계표>

No.	현장조사표 번호	기초조사표 번호	명칭 (소재지)	현재상태	추정 인원	위치 확인
1	I-가-1	창원-가-1 창원-가,다-17	창원 여양리 학살/매장지 (창원시 마산 진전면 여양리)	발굴완료	163명 이상	○
2	I-가-2	창원-가-2	창원 현동 골짜기 학살/매장지 (창원시 마산 현동 1566-1번지)	삭평소실	不明	○
3	I-가-3	창원-가-3	창원 두척동 노산 학살/매장지 (창원시 마산 두척동)	협곡	20여명	○
4	I-가-4	창원-가-4 창원-나-18	창원 양곡동 세뱅(병)이골짜기 학살/매장지 (창원시 양곡동 산29-1번지)	삭평소실	다수	○
5	I-가-5	창원-가-5	창원 성주동 성주사 골짜기 학살/매장지 (창원시 성주동)	야산	不明	○
6	I-가-7	신규추가	창원 서상동 남산 학살/매장지 (창원시 서상동 남산)	공동묘지 아래	50여명	○
7	I-가-8	신규추가	창원 신감리 감천골 학살/매장지 (창원시 마산 내서읍 신감리)	수습완료	12명	○
8	I-가-10	신규추가	창원 안녕리 큰골 매장지 (창원시 마산 구산면 안녕리)	밭	다수	○
9	I-가-11	창원-다-2	창원 심리 학살/매장지(장수암 입구) (창원시 마산 구산면 심리 산23-1번지)	도로변 공지	다수	○
10	I-가-12	신규추가	창원 용강리 용암마을 뒷산 매장지 창원시 동읍 용강리 산157-4번지	과수원	3명	○

11	Ⅰ-가-6	**신규추가**	창원 덕천리 덕천골짜기 학살지 (창원시 동읍 덕천리)	확인불가 (군부대 내)	다수	X
12	Ⅰ-나-1(A)	창원-나-2	창원 신촌리 북면지서 뒷산 학살/매장지(A) (창원시 북면 신촌리 499-1번지)	밭	10여명	○
13	Ⅰ-나-1(B)	창원-나-2	창원 신촌리 북면지서 뒷산 학살/매장지(B) (창원시 북면 신촌리 508-2번지)	공터	10여명	○
14	Ⅰ-나-2	**신규추가**	창원 신촌리 신리마을 저수지 뒤편 매장지 (창원시 북면 신촌리 신리마을)	과수원	10여명	○
15	Ⅰ-가-9	창원-다-3	창원 원전 앞 괭이바다 수장지 (창원시 마산 구산면 안녕리)	수장지	다수	X

계: 매장지 확인 13개소(발굴 가능 9, 발굴 불가능 2, 발굴완료 1, 수습완료 1), 추가확인 필요 1
　　기초조사표 23건, 신규추가 6건

*가: 국민보도연맹사건　나: 민간인 희생사건　다: 형무소재소자사건　라: 미군폭격사건　마: 적대세력

○ 명칭 : 창원 여양리 학살/매장지
○ 소재지 : 창원시 마산합포구 진전면 여양리

위치	GPS 좌표		북위(N)	동경(E)
		1	35°11, 11.49	128°22, 52.08
		2	35°,11, 12.72	128°22, 53.18
		3	35°11, 11.92	128°22, 53.84
매장지의 지리적 조건			숲속의 너덜겅 지대와 폐광 대정에서 함안으로 넘어가는 1029번 지방도 군북방향(군북 16km 표지판 있음) 좌측편 산능선에 위치 도로 우측에는 연못 있음	
현재상태			발굴 완료 유골은 경남대학교박물관에 안치중임	
매장지이력			수습완료 2004년 5월~6월, 경남대학교박물관에서 유해 발굴, 수습 완료	
매장지 추정 범위			30m X 30m	
희생자/매장자의 수 (추정치)			163명 이상	
관련사건 내용			국민보도연맹사건	
가해자의 성격			군인	
조사자의 의견 (발굴관련)			조사 불필요 -2004년 경남대학교박물관에서 유해발굴, 수습 완료	
방위표				
증언자/참고문헌			경남대학교박물관, 2004, 「마산 여양리 유해발굴 보고」	

○ 명칭 : 창원 현동 골짜기 학살/매장지
○ 소재지 : 창원시 마산합포구 현동 1566-1번지 일대

위치			북위(N)	동경(E)
위치	GPS 좌표	1	35°09, 07.16	128°31, 57.71
		2	35°09, 06.73	128°31, 57.71
		3	35°09. 06.41	128°31, 57.99

매장지의 지리적 조건	산지능선(산장찻집 위의 평평한 부분) 옛 국도 2호선 진동고개 정상부 좌측능선
현재상태	개발로 인해 정상부는 삭평됨 주변 능선도 개발되어 수목원으로 조성
매장지이력	알 수 없음
매장지 추정 범위	10m X 15m
희생자/매장자의 수 (추정치)	확인불가
관련사건 내용	경남 마산, 창원, 진해 국민보도연맹 사건
가해자의 성격	경찰
조사자의 의견 (발굴관련)	추가조사 불가 -정상부는 오래전에 삭평되어 원형을 찾기 어려움
방위표	
증언자/참고문헌	제보자 : 김도권(金度權, 70대 후반) 어릴 적 현장에서 좌익들이 많이 죽었다는 이야기를 들었고, 소먹이러 다닐 때에도 현장 주변은 항상 풀이 무성하였지만 그곳에는 가지 않았다고 함.

○ 명칭 : 창원 두척동 노산 학살/매장지
○ 소재지 : 창원시 마산회원구 두척동

위치	GPS 좌표	1	북위(N) 35°14, 04.68	동경(E) 128°32, 41.16
		2	35°14, 04.90	128°32, 41.60
		3	35°14, 04.29	128°32. 40.98

매장지의 지리적 조건	지역의 주민들이 노산이라 부르는 야산 8부 능선의 숲 속 능선 중 두 갈래 계곡이 흐르는 중간부분의 완만한 구릉 매장지 아래쪽에는 '대운사'라는 사찰이 있음
현재상태	현장 아래는 과수원으로 조성되었으나 현장은 개발되지 않음 작은 계곡이 현장을 중심으로 양 갈래로 흐르고 있음
매장지이력	미수습 현장에서 유해를 수습했다는 이야기는 전해지지 않음
매장지 추정 범위	5m X 5m
희생자/매장자의 수 (추정치)	20여명
관련사건 내용	국민보도연맹사건
가해자의 성격	경찰
조사자의 의견 (발굴관련)	발굴조사 필요 -증언자들이 노령이라 산지에 위치한 현장에 함께 접근하는데 어려움이 있었음 -정확한 위치를 찾을 수 없어 일정범위를 비정하여 위치 확인 -주변에 대한 보다 정밀한 조사가 필요
방위표	
증언자/참고문헌	지역주민 중 사건에 대해 알고 있는 사람은 많지 않았고, 두척동 주민 중 80세 진후의 노인들만이 사건에 대한 기억을 갖고 있음

○ 명칭 : 창원 양곡동 세뱅(병)이 골짜기 학살/매장지
○ 소재지 : 창원시 성산구 양곡동 산29-1번지

위치	GPS 좌표		북위(N)	동경(E)
		1	35° 11,27.78	128° 38,05.16
		2	35° 11,26.38	128° 38,04.06
		3	35° 11,25.88	128° 38,04.16
매장지의 지리적 조건	계곡 내 숲 속 창원에서 진해로 가는 장복터널 직전의 도로아래 협곡 마창대교 진출입로 조성으로 대부분 삭평됨			
현재상태	마창대교 접속도로 구간 사면에 위치 마창대교 접속도로 공사로 인해 출입 자체가 어려움			
매장지이력	사건 후 가족들에 의해 유해 일부 수습			
매장지 추정 범위	20m X 20m			
희생자/매장자의 수 (추정치)	다수 일부는 수습됨			
관련사건 내용	경남 마산, 창원, 진해 국민보도연맹 사건			
가해자의 성격	국군 및 경찰			
조사자의 의견 (발굴관련)	추가조사 불가 -마창대교 접속도로 공사로 인하여 접근 불가 -공사로 인해 현장 대부분 파괴			
방위표				
증언자/참고문헌	김숙아(90세), 이말순(74세)			

○ 명칭 : 창원 성주동 성주사 골짜기 학살/매장지
○ 소재지 : 창원시 성산구 성주동

위치	GPS 좌표		북위(N)	동경(E)
		1	35°10, 58.41	128°42, 57.66
		2	35°10, 57.79	128°42, 57.55
		3	35°10, 57.92	128°42,57.39
매장지의 지리적 조건	숲속 길 옆 오목한 평지 카페(안나푸르나)입구에서 100m 지점에 위치(우측편) 성주사 주차장에서 약 100미터 전방 우측 능선 능선으로 들어가는 포장된 소로 위쪽 부분			
현재상태	야산의 능선으로 소로변 숲 속에 작은 공지형태로 남아 있음 앞쪽에는 경작지 및 계곡이 있음			
매장지이력	사건 후 유족들에 의해 일부 시신수습			
매장지 추정 범위	7m X 7m			
희생자/매장자의 수 (추정치)	다수			
관련사건 내용	경남 마산, 창원, 진해 국민보도연맹 사건			
가해자의 성격	국군 및 경찰			
조사자의 의견 (발굴관련)	발굴조사 필요 -일부 시신 수습 -현장에 유해가 남아 있을 가능성 높음			
방위표				
증언사/참고문헌	송시섭(010-4258-8874) 어릴 적에 주변에서 떨감을 구하러 갔을 때 현장 주변지역은 무서워서 접근도 하지 못하였다고 함			

○ 명칭 : 창원 서상동 남산 학살/매장지
○ 소재지 : 창원시 의창구 서상동 남산

위치	GPS 좌표		북위(N)	동경(E)
		1	35°15, 31.05	128°37, 23.07
		2	35°15, 30.91	128°37, 23.18
		3	35°15, 31.00	128°37, 23.29
매장지의 지리적 조건	해발 130미터 정도의 낮은 산지 산을 제외한 나머지는 평야지대 동쪽 사면에 약간 움푹한 지대가 있음			
현재상태	잡목이 무성하고 현장 서쪽방면에는 공동묘지가 있음 주변에 39사단본부와 관련한 참호 산재 현장 아래에 민묘 1기 주변의 평야지대에 택지조성으로 인한 주택 건설이 한창			
매장지이력	미수습 현장에 대한 조사이력 없음			
매장지 추정 범위	10m X 10m			
희생자/매장자의 수 (추정치)	약 50명 마산형무소에 수감되었던 사람들로 추정			
관련사건 내용	국민보도연맹사건			
가해자의 성격	경찰			
조사자의 의견 (발굴관련)	발굴조사 필요 -유해 수습이력 없음 -현장의 서쪽지역을 중심으로 공동묘지가 조성되어 있고, 주변에 군 참호가 만들어지면서 토양이 굴착되기는 하였지만 현장 주변은 나름대로 잘 보존되어 있음			
방위표				
증언자/참고문헌	노치수(한국전쟁전후민간인학살창원유족회장)			

○ 명칭 : 창원 신감리 감천골 학살/매장지
○ 소재지 : 창원시 마산회원구 내서읍 신감리(광산사 앞 숯막 유허지)

위치	GPS 좌표		북위(N)	동경(E)
		1	35°11, 22.56	128°29, 31.21
		2	35°11, 22.63	128°29, 31.10
		3	35°11. 22.73	128°29, 30.94
매장지의 지리적 조건			광려산 북쪽사면, 광산사 앞 주차장 위쪽 옛 숯을 구웠던 숯막자리	
현재상태			개발로 인해 현장부분은 완전히 삭평 현장은 숯막유허지로 조성 '匡廬山仙靈'이라는 큰 비석과 편의시설 설치	
매장지이력			사건 후 유족이 와서 2~3구의 유해를 수습(입고 있던 옷을 보고 친족 확인). 아래 계곡 건너에서 화장한 후 다른 곳으로 이장. 십 수 년 전에 군인들이 현장 발굴을 통해 유해 7구를 수습, 발굴 후 유해의 처리는 알 수 없음. 유해와 함께 구두가 한 짝 나온 것을 보았다고 함.	
매장지 추정 범위			5m X 5m	
희생자/매장자의 수 (추정치)			12구 정도가 묻혔던 것으로 기억(증언자)	
관련사건 내용			국민보도연맹사건	
가해자의 성격			국군 및 경찰	
조사자의 의견 (발굴관련)			추가조사 불필요 -유해 수습 완료	
방위표				
증언자/참고문헌			고영조 당시 고등학생으로 방학을 맞아 집에 와 있었음 경찰이 제보자에게 대산과 광려산 사이 능선에 잠복하고 있던 경찰을 불러오라고 시켜 산을 올라갔다 내려올 때 총소리를 들었고, 현장에 도착해서는 경찰들이 시신을 묻고 있는 것을 보았다고 함	

○ 명칭 : 창원 안녕리 큰골 매장지
○ 소재지 : 창원시 마산합포구 구산면 안녕리

위치	GPS 좌표		북위(N)	동경(E)
		1	35°06, 27.24	128°36, 02.32
		2	35°06, 27.28	128°36, 02.49
		3	35°06, 27.14	128°36, 02.65
매장지의 지리적 조건	도로 아래 바닷가 산에서 내려오는 사면 끝부분의 작은 평지 해안과 맞닿은 곳			
현재상태	해안지대의 낮은 땅에 축대를 쌓고 매립 밭으로 조성하여 현재도 이용 독립가옥이 존재			
매장지이력	1963년 사라호 태풍으로 현장지대의 토양이 대량으로 유실, 이때 유해도 함께 떠내려갔을 가능성이 높음 수장된 시신 중 일부가 파도에 밀려 온 것을 주민이 수습하여 매장함			
매장지 추정 범위	7m X 7m			
희생자/매장자의 수 (추정치)	약 20여 구			
관련사건 내용	국민보도연맹사건			
가해자의 성격	경찰 또는 군인			
조사자의 의견 (발굴관련)	발굴조사 필요 -유해의 유실 가능성도 크지만 조사의 필요성은 존재 -매립을 통해 경작지 조성되었으므로 토지주의 동의가 필요			
방위표				
증언자/참고문헌	1950년 7월경 마산 및 인근 창원·함안지역의 보도연맹원들이 예비검속되어 마산형무소에 구금되어 있다가 8월 중순 해군 상륙함에 실려 마산 앞바다에서 희생당했다. 그 밖에도 거제, 남해, 사천, 통영 등지에서 많은 사람들이 수장되었는데, 그 중 일부가 해류를 타고 해안에 밀려왔으며 이들을 주민들이 수습하여 매장하였다.			

○ 명칭 : 창원 심리 학살/매장지(장수암 입구)
○ 소재지 : 창원시 마산합포구 구산면 심리 산23-1번지 일대

위치	GPS 좌표		북위(N)	동경(E)
		1	35°04, 22.75	128°37, 21.10
		2	35°04, 22.51	128°37, 20.29
		3	35°04, 22.46	128°37, 21.26
매장지의 지리적 조건	구복에서 원전으로 가는 해안도로 우측(장수암 입구) 산능선 아래 능선과 도로가 맞닿는 지점 과거사위원회·마산시가 세운 매장지 안내 표지판이 있음			
현재상태	능선의 끝자락은 해안도로에 편입. 도로는 해안을 끼고 형성되어 있어 원래 능선은 바다까지 연장 매장지는 작은 공지로 남아 있음			
매장지이력	미수습 수장된 시신이 파도에 휩쓸려 온 것을 주민들이 수습하여 매장			
매장지 추정 범위	5m X 5m			
희생자/매장자의 수 (추정치)	10명 내외			
관련사건 내용	국민보도연맹사건, 부산·경남지역 형무소 재소자 희생사건			
가해자의 성격	경찰 또는 군인			
조사자의 의견 (발굴관련)	발굴조사 필요 -유해매장지일 가능성이 높은 만큼 발굴조사 필요 -과거사정리위원회에서 유해매장지임을 알리는 안내판 설치			
방위표				
증언자/참고문헌	1950년 7월경 마산 및 인근 창원·함안지역의 보도연맹원들이 예비검속되어 마산형무소에 구금되어 있다가 8월 중순 해군 상륙함에 실려 마산 앞바다에서 희생당했다. 그 밖에도 거제, 남해, 사천, 통영 등지에서 많은 사람들이 수장되었는데, 그 중 일부가 해류를 타고 해안에 밀려왔으며 이들을 주민들이 수습하여 매장하였다.			

○ 명칭 : 창원 용강리 용암마을 뒷산 매장지
○ 소재지 : 창원시 의창구 동읍 용강리 산157-4번지 일대

위치	GPS 좌표		북위(N)	동경(E)
		1	35°16, 05.64	128°38, 52.45
		2	35°16, 05.16	128°38, 52.91
		3	35°16, 05.28	128°38, 52.26
매장지의 지리적 조건			의창대로 창원방향 좌측편 산능선에 있는 과수원	
현재상태			단감나무 과수원으로 이용 과수원으로 조성하는 과정에서 지형이 일부 변함	
매장지이력			미수습 시신 수습에 관한 증언은 전해지지 않음	
매장지 추정 범위			15m X 15m	
희생자/매장자의 수 (추정치)			3명	
관련사건 내용			국민보도연맹	
가해자의 성격			경찰	
조사자의 의견 (발굴관련)			발굴조사 필요 -유해 수습에 관한 정보 없음 -지형의 변화가 있으나 추가 조사 필요함	
방위표				
증언자/참고문헌			임채병(81세) 055-251-2719, 016-755-1790	

○ 명칭 : 창원 덕천리 덕천골짜기 학살지
○ 소재지 : 창원시 의창구 동읍 덕천리

위치	GPS 좌표		북위(N)	동경(E)
		1		
		2		
		3		
매장지의 지리적 조건	알 수 없음 현재는 현장 접근이 불가능한 상태			
현재상태	매장지로 추정되는 현장은 육군정비창이 들어서 있어 접근 불가 정비창 안쪽 골짜기가 매장지로 추정되고 있으나 현장을 확인할 수 없음			
매장지이력	사건 후 가족들에 의해 일부 유해 수습			
매장지 추정 범위	알 수 없음			
희생자/매장자의 수 (추정치)	알 수 없음			
관련사건 내용	국민보도연맹사건			
가해자의 성격	군인			
조사자의 의견 (발굴관련)	현재 군부대내에 위치하고 있기 때문에 접근이 어려움 조사를 위해서는 국방부와의 협의가 필요			
방위표				
증언자/참고문헌	할머니(77세)			

○ 명칭 : 창원 신촌리 북면지서 뒷산 학살/매장지(A)
○ 소재지 : 창원 북면 신촌리 499-1일대 과수원(소나무사계절영양탕 뒤편)

위치	GPS 좌표		북위(N)	동경(E)
		1	35°21, 21.58	128°36, 41.87
		2	35°21, 21.31	128°36, 42.04
		3	35°21, 21.26	128°36, 41.82
매장지의 지리적 조건	천주로 1191로 산의 능선에 위치함 소나무사계절영양탕(음식점)의 뒤편 능선에 위치			
현재상태	과수원으로 사용하면서 지형이 변형됨			
매장지이력	미수습 한국전쟁 당시에는 밭으로 사용 몇 년 전부터 과수원으로 사용하기 시작함			
매장지 추정 범위	15m X 15m			
희생자/매장자의 수 (추정치)	10여명			
관련사건 내용	민간인희생사건			
가해자의 성격	국군			
조사자의 의견 (발굴관련)	발굴조사 필요 -지형의 변형은 있으나 추가 조사 필요 있음			
방위표				
증언자/참고문헌	주시용(84세, 과수원주인) 연락처 055)298-4316 과수원주인 : 과수원 조성과정에서 유해는 발견되지 않았음			

○ 명칭 : 창원 신촌리 북면지서 뒷산 학살/매장지(B)
○ 소재지 : 창원 북면 신촌리 508-2번지 일대

위치	GPS 좌표		북위(N)	동경(E)
		1	35°21, 21.58	128°36, 41.87
		2	35°21, 21.31	128°36, 42.04
		3	35°21, 21.26	128°36, 41.82
매장지의 지리적 조건	천주로 1191로 산의 능선에 위치함 '행복가득한집'이라는 빌라 방향. 매장지 맞은편에 2층 단독주택이 있음			
현재상태	경작지(밭)로 사용하면서 지형이 많이 훼손됨 현재는 경작하지 않고 묵은 형태의 개활지로 남아 있음			
매장지이력	수습이력 없음 6.25당시에는 밭으로 사용함			
매장지 추정 범위	15m X 15m			
희생자/매장자의 수 (추정치)	10여명			
관련사건 내용	민간인희생사건			
가해자의 성격	국군			
조사자의 의견 (발굴관련)	발굴조사 필요 -수습이력 없음 -경작지로 이용하면서 지형의 변화는 있으나 추가 조사 필요함			
방위표				
증언자/참고문헌	주시용(84세) 연락처 055)298-4316			

○ 명칭 : 창원 신촌리 신리마을 저수지 뒤편 매장지
○ 소재지 : 창원 북면 신촌리 신리마을 저수지

위치	GPS 좌표		북위(N)	동경(E)
위치	GPS 좌표	1	35°20, 32.69	128°36, 17.38
위치	GPS 좌표	2	35°20, 32.48	128°36, 17.21
위치	GPS 좌표	3	35°20, 32.47	128°36, 16.94
매장지의 지리적 조건	저수지에 있는 '연못가든' 뒤편 협곡에 위치 협곡 맞은편으로는 밤나무 밭 조성			
현재상태	능선의 협곡을 따라 현장이 위치함(Y자 형의 협곡) 매장지 맞은편으로 밤나무 밭이 조성되어 있음			
매장지이력	미수습 큰 비로 지형의 일부가 변형됨 유해수습에 관해서는 모름			
매장지 추정 범위	15m X 15m			
희생자/매장자의 수 (추정치)	10여명			
관련사건 내용	민간인희생사건			
가해자의 성격	국군			
조사자의 의견 (발굴관련)	발굴조사 필요 -큰 비로 유해가 쓸려갔을 가능성 있음 -유해수습에 대한 이야기가 없으므로 추가 조사 필요함			
방위표				
증언자/참고문헌	주시용(84세) 연락처 055)298-4316			

○ 명칭 : 창원 원전 앞 괭이바다 수장지
○ 소재지 : 창원시 마산합포구 구산면 안녕리 원전 앞 괭이바다

위치	GPS 좌표		북위(N)	동경(E)
매장지의 지리적 조건	바다 원전마을 앞 바다, 일명 '괭이바다'라고도 함			
현재상태	지금은 해안을 따라 방파제와 어선 접안시설이 마련되어 있어 예전 해안선의 모습은 찾아보기 어려움			
매장지이력	알 수 없음			
매장지 추정 범위	알 수 없음			
희생자/매장자의 수 (추정치)	다수			
관련사건 내용	국민보도연맹			
가해자의 성격	국군 및 경찰			
조사자의 의견 (발굴관련)	추가조사 불필요 -수장지 -유해는 대부분 파도에 유실됨			
방위표				
증언자/참고문헌	진실화해를위한과거사정리위원회, 2010, 「부산·경남지역 형무소 재소자 희생사건」, 『2009년 하반기 조사보고서』3			

창원유족회 활동 사진

2009년 마산유족회 창립.

2009년 마산지역 민간인학살 희생자 합동위령제.

2010년 마산·창원·진해 유족회 통합 총회.

2010년 창원지역 민간인학살 희생자 합동위령제.

2011년 창원지역 민간인학살 희생자 합동위령제.

2011년 창원지역 민간인학살 희생자 합동위령제.

2011년 창원지역 민간인학살 희생자 합동위령제에서 유가족이 아버지에게 쓴 편지.

2012년 창원지역 민간인학살 희생자 합동위령제.

2013년 창원지역 민간인학살 희생자 합동위령제.

2014년 창원유가족회 정기총회.

2014년 창원지역 민간인학살 희생자 합동위령제.